W0067654

Josef Gehrer

Ja, so a Lederhosn!

Josef Gehrer

Ja, so a Lederhosn!

Lustigs und Staads
von bayrische Leut und Sachen

Verlagsanstalt »Bayerland« Dachau

Verlag und Gesamtherstellung:
Druckerei und Verlagsanstalt »Bayerland« GmbH
85221 Dachau, Konrad-Adenauer-Straße 19

Umschlagmotiv: Hans Fischach

Printed in Germany · ISBN 3-89251-161-6

Inhalt

Ja, so a Lederhosn! . . .

Motto:
Ja, so a Lederhosn,
de riacht net nach Rosn,
und riachts scho nach Rosn,
is koa Lederhosn.

Schon das Motto besagt, daß man sich dem Phäno-
men Lederhose zuvörderst geruchsmäßig nähern
muß. Bereits im Neuzustand, wenn sie aus der
Kürschnerwerkstatt kommt, bezaubert sie den
Kenner durch einen herben Geruch, der von der
besonderen Art der Sämischgerbung kommt. Dieses Düfterl wird später überlagert vom Eigengeruch
des Besitzers, der in weiter Streuung vom schlichten
Schwitzgrücherl bis zum penetrantesten Goaß-
bock-Ozon reicht. Eine Lederhose ist daher nie-
mals ein Leihgerät oder eine Gebrauchtware, und
der Trödler, der glaubt, getragene Lederhosen ab-
setzen zu können, bleibt auf denselben sitzen; es ist
daher besser, er wetzt sie hinter der Ladenbuddel
selber durch.
Die Lederhose sollte mit ihrem Besitzer absterben
und ihm ins Grab gelegt werden, wie früherszeit
den Rittern Lieblingsschwert und Streithelm.
Die Farbe der echten bayrischen Lederhose ist im
neuen Zustand rußschwarz. Später wird sie bräun-

lich-erdfarbig und gleicht mehr und mehr der Mimikry-Färbung des Hirschwilds in unseren Bergen. Jager in solchen Lederhosen können sich daher unter den Hirschen tummeln und werden von diesen als die Ihren betrachtet – bis der Wind umschlägt. Ehe das geschieht, sollte der Schuß schon gefallen sein.

Die eigentliche Lederhaut wird bei der voll ausgereiften Lederhose von mehreren Schichten unterschiedlichster organischer Substanzen überlagert, welche hauptsächlich durch das Abwischen der Finger und das Säubern des Brotzeitmessers entstehen. Leberkas- und Emmentalerrückstände finden sich fast immer darunter, aber auch Bierflecken, Virginiabrandlöcher und, zunehmend seltener, Wildbretschweiß von gewilderten Rehen.

Der echten bayrischen Lederhose kommt bei der Gattenwahl eine überragende Bedeutung zu. Sie bläht den Bewerber auf wie den Birkhahn bei der Balz, macht ihn mächtiger, imposanter; selbst die magersten Hintern, sogenannte »Zwetschgenkerne«, wölben sich noch kraftvoll nach hinten, und ausgesprochene Steckerlwadl erscheinen in schafwollenen Kniestrümpfen urig und flachsig.

Insbesondere weibliche Wesen aus dem hohen Norden unterliegen der kraftstrotzenden Wucht und der männlich-animalischen Ausdünstung des bayrischen Nationalkostüms nur zu gerne, und mickrige nordische Jünglinge bedienen sich neuerdings desselben, um beim Balzgeschäft nicht zu kurz zu kommen.

Wer eine echte bayrische Hirschlederhose zu besitzen die Ehre hat, sollte sie aber nicht als Mittel zum Zweck erniedrigen, sondern um ihrer selbst willen tragen. Und er sollte des Lieferanten dieser unverwüstlichen zweiten Haut gedenken – des Hirschen. Zwegen dir hat er sein Leben gelassen, daß du dich protzt mit seiner gegerbten Decke und seine Urkraft als die deine ausgibst. Hat ihn der Schuß gut getroffen? Der Kürschner hat beim Zuschneiden das Schußloch säuberlich ausgespart, daher weißt du es nicht. Aber wünsch es ihm wenigstens, dem Hirschen. Und sei a bißl wie er. A bißl wild, aber auch a bißl scheu. Kein Vornsteher und Herumwedler, sondern einer, der da ist, wenn er gebraucht wird – wie der Schmied von Kochel.

Denn die bayrische Hirschlederhose ist im eigentlichen Sinne kein Kleidungsstück – sondern eine Weltanschauung!

Der Fleckerlteppich

Wie der Kachelofen, die breite Bank, der klobige Holztisch, so gehört zur bayerischen Bauernstube auch der Fleckerlteppich. Der Kachelofen wärmt den Rücken, der Fleckerlteppich die Haxen, und wenn man so dasitzt und auf ihn hinabschaut, dann wärmt er einem auch die Seele oder kann einen im Gegenteil frösteln machen. In einen zünftigen Fleckerlteppich nämlich sind nicht nur die abgetragenen Schürzen, Dirndlgwander, Kopftücher, Krawatten, Staatshemden, Hosen und Pullover der ganzen Familie eingewebt, es steckt auch Zeit drin, Erlebnis, Erinnerung, ein ganzer Lebensabschnitt oftmals, mit Freud und Leid, Schmerz und Lust.

Da hinten am lärchenen Tischfuß zum Beispiel, da erspecht ich meinen alten Uniformrock aus der Kriegszeit. Seine Farbe war damals graugrün, durch oftmaliges Entlausen ist er dann gelb geworden. Fast zieht mir noch das Brandln in die Nase, wenn er aus dem Ofen kam, und irgendwie seh ich sogar noch die toten, grausigen Viecher in der Ärmelnaht sitzen, wo sie sich in ihrer Todesangst zusammengedrängt hatten. Fünf Jahre Zeit liegen da hinten am Tischfuß, beste, kostbarste, unwiederbringliche Jungmännerjahre, versunken im Dreck, zerfressen vom Heimweh.

Aber da fällt mir ein, daß dieser alte lehmfarbene

Rock doch auch Schönes erlebt hat. Nicht das Anheften der Orden meine ich, sondern die weiche Mädchenwange, die sich daran gerieben, und die Träne, die hinabgekollert ist an den grauen Blechknöpfen entlang, die bittere, süße Abschiedsträne. Und jetzt ist der feldgraue Rock Bestandteil des Fleckerlteppichs und dient auf seine alten Tage einem guten, grundsoliden Zweck. Und er paßt gut hin zu den groben, lärchenen Tischhaxen und gibt dem bunten Farbengemisch einen ernsten, erhabenen Grundton.

Weiter vorn, bei der Kommode, entdecke ich eine dicke, mausgraue Wulst, das ist der erste Zivilmantel nach dem Krieg. Eine ganze Jahreskleiderkarte ist draufgegangen mit soundsoviel Punkten, dabei war's bloß ein alter, eingefärbter Woilach aus Wehrmachtsbeständen, der 20 Pfund wog und mir fast die schmalen Schultern abdrückte, als ich ihn das erste Mal anzog. Trotzdem hat er gut gewärmt, hat das ausgemergelte Mandl brav über die Runden gebracht bis zum Tage X, da das DM-Christkindl in den vollen Läden die Kerzen anzündete.

Gleich nach dem Woilach hat der Fleckerlweber meinen ersten richtigen Ausgehanzug hineinkomponiert. Den hat mir der Schneider Hilger vermessen, der mit dem Dior von Paris weder verwandt noch verschwägert ist. Der Anzug war so sehr auf Taille gearbeitet, daß sich der Nabel durchdrückte, aber um die Beine schlenkerten dafür vier Meter

Stoff, man nannte das einen »Sechzger-Schlag« und war damit ein Modern Look (moderner Luggi) in Person. Da wirbelte der Staub auf beim ersten DM-Faschings-Fox, und die Schuhe putzten sich von selbst.

Herrschaftseiten, wenn der schwarzhaarige Schani in die Saiten griff und ich in meinem neuen, dunkelblauen, glänzenden Zwirnstoffanzügerl über das stumpfe Fichtenparkett wirbelte, das war eine Schau! Zwei Stunden später schlich ich mich leise davon; das gute Stück des Grand Couturier Hilger hing wie ein ausgefranster Sack an meinem Leib, die Knie waren ausgebeult wie bei einer alten Lederhose, und tausend Falten zogen sich kreuz und quer über die hochmodernen Nadelstreifen. Aber jetzt, als Fleckerlteppich . . . macht er sich recht gut, hat sich besser konserviert als sein Herr, indem er jetzt wundersam glatt ist und jener Falten hat wie ein alter Tunguse.

Weiter pirschen meine Augen den Fleckerlteppich entlang, manches Stückl Stoff, manches Stückl G'wand, manches Stückl Zeit hab ich aus dem Gedächtnis verloren, das waren die Stunden, in denen man einfach dahinlebte, die Tage abspulte, träge und gedankenlos, nur sie sollten uns wirklich reuen, nicht die derben Kinnhaken, nicht die zarten Streichler des Schicksals.

Jetzt, wie ich bei meiner Visitation fast in der Mitte des Teppichs bin, geht's wieder lustig her. Da ist ein feuerrotes Stück Stoff eingewirkt, und mit geschämigem Blick auf mein treues Eheweib, das neben mir sitzt und brav an einem neuen Pullover strickt, erinnere ich mich, daß dies mein Berghemd war, aus der Zeit, wo einem die Brust platzt vor Übermut und Schlawinerei. Der »Rotpfoadelte« haben sie mich geheißen, damals auf der Alm, und vor manchem Sennerinnenfenster hat das feuerrote Hemdl aufgeblitzt, bis sie mich eines Tages mit versammelten Kräften und geschwungenen Besenstielen über die Tugendhaftigkeit des Bergvolkes aufklärten.

Aber die flachsblonde Anni, die jüngste von allen, hat den Besenstiel nur ganz lahm geschwungen und mir zugezwinkert, worauf die folgende Nacht das feuerrote sündige Pfoad im Mondlicht über den Almanger wehte und im Fensterkreuz ihres abseitigen Kasers hängen blieb. Mea culpa!

Und jetzt, sakra, wird's auf einmal ganz brav und himmelblau auf dem Fleckerlteppich, indem ich ein liebes Stofferl entdecke, zart, mit gelben Sternlein darin, so sanft, so friedlich, wie ein bayerischer Biergartenhimmel, das ist das G'wandl, das meine Frau getragen hat, als wir uns das erste Mal begegneten. Aus war's mit dem sündhaften Geleucht des roten Pfoads, hinein ging's in den engen Hochzeitsfrack und da, neben dem Stuhlhax ist er schon und riecht nach Weihrauch, Angstschwitz und Weißwürsten. Aber gelohnt hat sich's doch, das lange

Hineinschauen ins himmelblaue Sterndlg'wand, da drüben hockt sie frisch und brav bei ihrem Strickzeugl, und ich kann in Ruhe meine bayerischen Geschichten von roten Pfoadln und flachsblonden Zöpfen fabrizieren, ohne daß gleich ein Besenstiel durch die Luft wirbelt.

Und jetzt bin ich am Ende mit dem Fleckerlteppich, und da geht zum Schluß viel Schwarzes her, viel Düsteres, bange Nächte, Tod, Friedhof, Stille in der Elternstube. Aber ganz zuletzt wieder ein lichtes, leichtes Farbtupferl, ein Kinderg'wandl, ein Kinderschrei: Leben!

So hat sich alles verflochten, verschlungen da unten zu meinen Füßen zu einem Lesebuch, zu einer Familienchronik aus Stoff und Farbe. Wie das Leben selbst, das kleine, private, ungeschichtliche, wie die Zeit, die ein- und ausgeschnaufte, unter den Fingern zerronnene Zeit, so liegt der Fleckerlteppich vor mir und flüstert herauf: »Weißt du noch?«

Der Hund und sein Mensch

Im menschlichen Leben spielt der Hund eine bedeutende Rolle, und im bayerischen menschlichen Leben schon gleich gar. »Des is a Hund!« oder: »A Hund is der scho!« –, sagt man von einem Manne, dem man ungeteilte Hochachtung zukommen läßt, weil er im Finanzamt aufdrahat hat oder dem Herrn Bürgermeister im Fasching mit der flachen Hand den Zylinder eindrückte. Andererseits wird auch der weniger Tatenfrohe mit dem Hunde verglichen, indem man ihn als »feigen Hund« ausschimpft.

Sei es, wie es wolle, der Hund ist stets mitten unter uns, und es wäre hundsgemein von den Stadtvätern, dene Hund', wenn sie die Hundesteuer schon wieder erhöhen taaten. Denn ohne Hund wäre es ein hündisches Leben auf dieser Welt, und mit dem Hundsteufi bist erst recht ausg'schmiert, aber glücklicher.

Was kauft sich nun der Mensch für einen Hund? Ich bin der Meinung, einen, der ihm möglichst ähnlich ist. Das heißt nicht etwa, daß sich ein g'scherter Hund einen gescherten Hund kauft, sondern daß ein gemütlicher Mensch einem gemütlichen Hunde zuneigt, ein grantiger einem grantigen, ein gräuslicher einem gräuslichen. Ich möchte also sagen, es gibt Dackelmenschen, Schäferhundmenschen. Und einige wenige Straßenkreuzungshundmenschen. Wer hinter einem Schäferhund herläuft, der das Maul aufreißt, als ob er dreißig Nachbarwadl auf einmal aufschlitzen möchte, ist selber oft ein arger Wadlbeißer, wie zum Beispiel der Hitler einer war, der gleich drei Schäferhunde besaß und zu den Menschenwadln auch noch Teppiche verzehrte.

Ein b'sonderer Mensch ist auch der Doggenmensch; ein b'sonders furchtsamer oder b'sonders furchtloser Mensch, weil man sich nämlich mit einer Dogge an der Leine selbst vor dem Teufel nicht zu fürchten braucht, wohl aber vor dem Kaibihund selbst, der schon manchmal seinen Herrn angefallen und wie ein Schneuztüchl auseinandergerissen haben soll.

Der Boxermensch – schau ihm ins G'sicht, ihm und seinem Hund – kennt man sie überhaupt auseinand? Wenn der Hund den grünen Filzhut mit dem Gamsbart aufhätte und die Pfeife im Maul, dann könnt's vielleicht sogar passieren, daß er »Guten Morgen, Herr Blümlmoser, wie geht's Ihrem Hund?« angeredet würde.

Die Boxermenschen sind allesamt g'wiß gute Menschen, aber die Dackelmenschen sind ohne Ausnahme edle Menschen. Ein Dackelmensch ist ein Mensch, der meint, seinen Hund an der Leine zu führen, aber in Wirklichkeit vom Hund an der Leine geführt wird. Ein Dackel kennt sämtliche Bäume im Englischen Garten, aber ein Dackelmensch kennt sie sogar dem Umfang nach, denn es gibt keinen, um den sich die Hundeleine nicht schon herumgewickelt hätte, weil nämlich der Dakkel, will der Herr rechts, garantiert links um den Baum geht. Wenn sich der Herr dann mit seinen Haxen in dieser Leine verwickelt und hinfallend flüstert: »Entschuldige, Waldi«, ist er ein wahrer Dakkelmensch, und wenn er schön brav ist und feierlich gelobt, nicht zu wildern, dann läßt ihn der Dackel sogar eines Tages ohne Leine herumtollen.

Und nun zum Pudelmenschen – ja was is denn des für einer? Ja, is denn des überhaupt einer oder is des keiner, wo man schon bei seinem Hunde oft nicht weiß, wo hinten und vorn ist? Der Pudel ist ein armes Viech, weil er nicht nach Hund, sondern nach Eiershampoon stinkt und bloß ganz hinten eine kleine Stelle hat, wo er Hund sein darf, der arme Hund.

Da hat der Straßenkreuzungshund schon ein anderes Hundeleben, weil er entweder gar keinen Herrn hat oder einen, der keiner ist. Ein echter Straßenkreuzungshund hat das Fell voll Flöhe, die Ohren voll Ohrenschmalz, drei Kostplätze, fünf G'spusi und immer einen gleichgesinnten Buben, ebenfalls ohne Stammbaum, der ihn an einem Spagatschnürl spazierenführt. Sowohl der Herr und der Hund sind meist »ganz varreckte Hund« und zahlen für ihre Untaten weder eine Steuer, noch Schmerzensgeld, noch Alimente.

Der Jagdhund und sein Mensch, der Jagdhund-mensch, leisten sich solche G'spasettln nicht, weil sie im Walde dazu keine Gelegenheit haben und außerdem seriöse Naturen sind. Der Jagdhund-mensch schaut genauso streng wie sein Hund, aber letzterer hat den Vorteil, daß er auch noch mit der Nase wittert, und zwar den gestohlenen Hasen im Rucksack, wodurch du vor dem Hund besser auf-passen mußt wie vor dem Jager. Daher, so sagt ein alter Weidspruch, »besteht ein guter Jäger zu drei Viertel aus Hund und zu einem Viertel aus ihm selm.«

Wer nun der Meinung ist, daß das, was ich über den Hund und seinen Menschen von mir gegeben habe, eine hundsgemeine Verleumdung ist, dem sei versi-chert, daß er damit recht hat. Weil nämlich nichts auf dieser Welt bloß schwarz und bloß weiß ist, son-dern meistens g'scheckert. Weshalb es z. B. auch Dackelmenschen gibt, die sich einen Wolfshund halten, alleine wegen der Steuer, indem nämlich ein großer Wolfshund genau soviel kostet wie ein klei-ner Dackel. Tratzerte Hund san des, möchte man sagen! Umgekehrt führt oft ein reinrassiger Wolfs-hundmensch einen kurzhaxerten, kleinen Dackel an der Leine, um sich zu tarnen.

Aber wie gesagt, das wichtigste ist, daß der Hund mit seinem Menschen zufrieden ist, und zwar des-halb, weil der Mensch seinen Hund jederzeit aus-tauschen, verschachern oder einschläfern lassen

kann, der Hund aber seinen Menschen nicht, sondern diesen aushalten muß, bis ans Lebensende.
Und wer jetzt noch immer beleidigt ist, der ist nicht
wert, daß ihn die Hund' mit einem Baam verwech-
seln bzw. er ist es wert! Hast mi?

Traktat über das Holzhacken

Ein Traktat ist eine gelehrte Abhandlung, und es wird sich im folgenden erweisen, daß Auslassungen über die ungeheuer diffizile Tätigkeit des Holzhackens eines scharfen, analytischen Geistes bedürfen. Der Vorwurf wäre sogar gewichtig genug, einem Doktoranden zum begehrten Hut zu verhelfen; wo aber findet sich heutzutag noch ein Professor, der einem solch urwüchsigen Thema aufgeschlossen gegenüberstünde?

Aber du, Hacklschwinger, stehst deinem Hackstock gegenüber, und schon beginnt die Kopfarbeit. Denn wer bloß sein Muskelschmalz in die Waagschale zu werfen hat, der ist ein ordinärer Holzzertrümmerer, doch nie und nimmer ein echter Holzhacker!

Schon die Auswahl des Hackstocks erfordert solide physikalische Kenntnisse. Er darf zum Beispiel nicht prellen, so daß das Scheitl wie wild in die Höhe hupft und das Handgelenk anschwillt; er muß vielmehr das Spaltholz ansaugen wie ein Magnet. Das magerste Steckerl muß wie ein Seiltänzer stehen bleiben und, auf den Kopf getroffen, gemütlich auseinanderfallen. Schweren, eichenen Hackstöcken wohnt diese unerklärliche mystische Kraft inne und auch der knorrigen Hainbuche.

Das Hackl selbst beziehungsweise die Axt ist am Erfolg gleichfalls maßgebend beteiligt. Fünf verschiedene Geräte mindestens sollten zur Verfügung stehen: ein leichtes, elegantes Hackl für die Spanerzeugung, ein messerscharfer Schnoater (geschmiedetes Hackmesser) für die zähen Äste, eine langstielige, breitklingige Schwungaxt für die einfacheren Fälle, eine klobige, schwere Kliebaxt für die schwierigen und drei oder vier Spaltkeile für die fast unlösbaren.

Aber wichtiger als all diese Werkzeuge ist das Auge des Hacklschwingers und sein Instinkt für die Spaltbarkeit des Materials Holz. Verzwickteste Maserungen, inwendige Äste, Harzwülste, versteckte Spalten und Faulstellen berechnet er in Sekundenschnelle – dann haut er zu, und das Holz reißt gehorsam auf, spaltet sich mit wunderschönem Ton, macht die erlesensten Düfte frei und legt sich demütig neben dem Hackstock hin. Ein notwendiger zweiter Hieb läßt den Gelernten vor Scham erröten, und oft wird er hierdurch so verdrossen, daß er hinfort allen Elans verlustig geht.

Der gewitzte, alterfahrene Holzklieber berechnet den nötigen Kraftaufwand für den Spaltvorgang mit einer Genauigkeit, die an ein Wunder grenzt. Sein Hieb wirkt oft fast sanft, dennoch krachen die schwersten Klötze wie mit Dynamit gesprengt auseinander. Steckt aber die Axt nach dem Hieb tief im

Hackstock, rauft er sich die Haare ob des überflüssigen Kraftaufwands.

Der überragende Könner aber bringt es mit der Zeit zu einer Zielgenauigkeit, die die des Scharfschützen im Zirkus noch übertrifft. Er kliebt auf Strich und Spalt, ohne auch nur einen Millimeter abzuweichen, und sein ganzer Stolz ist es, die Klinge haarscharf neben den Fingern herabsausen zu lassen, ohne auch nur den Nagel zu berühren. Geschieht dies ausnahmsweise doch, ist der Verletzte oft zeitlebens der Holzarbeit gram.

Über die Gesundheit des Holzhackens sich auszulassen, hieße Scheiter in den Bayerischen Wald tragen. Es wird daher das Holzhacken neuerdings von manchen Ärzten als Therapie empfohlen, insbesondere bei Muskelschwäche, Schmerbauch und Herzverfettung. Renommierte Sportärzte zählen das Holzhacken sogar zum wirksamsten Vorbereitungstraining, und schon Joe Louis soll vor jedem Weltmeisterschaftskampf dreißig Klafter Eichenholz kunstvoll und präzise aufgespalten haben, wodurch er allen seinen Gegnern an Reaktionsschnelligkeit und Zielgenauigkeit überlegen war.

Aber dem Klinger Martl, dem alten Bauernknecht von Lohen, konnte er in puncto Holzhacken das Wasser nicht reichen! In der Früh fing er an, mittags sah er über den Scheitelhaufen schon nicht mehr hinweg und abends lag ein Berg Buchenscheiter von der Größe eines Einfamilienhauses im Hof.

»Martl, du hast an Teifi!« sagte anerkennend der Bauer zu seinem unermüdlichen Knecht.

Dieser hieb die Axt in den Hackstock und antwortete trocken: »'n Teifi hab i net – aba a Wuat!«

»Warum?«

»Weilsd mi so schlecht zahlst, Bauer!«

»Dann kliebst morgen glei des Feichterne aa no auf!« grinste der Bauer und ging ins Haus.

So muß also, wie man sieht, zum erfolgreichen Holzhacken außer der Kopfarbeit auch noch die Wut kommen.

Hast oane?

Na fang o!

Der Schneepflug kommt!

Zu einem richtigen Winter gehört ein richtiger Haufen Schnee. Und liegenbleiben muß er, der Schnee, und der kalte Blaserer aus dem Osten muß ihn auftürmen, meterhoch, so daß er die Türen blockiert und in die Fensterritzen rieselt und das Dachgebälk ächzt unter seiner Last. Ein richtiger Winter muß wie ein Fausthieb der Natur sein, vor dem man sich duckt.

Solche Urwinter sind selten geworden, wie es scheint, und statt Pulverschnee und Eiszapfen triumphieren Matsch und Tratsch. Der Winter selber kann aber gar nichts dafür, daß er nichts mehr taugt, der Mensch ist es, der ihm ins Handwerk pfuscht, der den bedrohlichen, eisüberkrusteten Kerl zum Loambruder degradiert. Mit allen Mitteln will er ihn hinmachen. Mit den modernsten Schneeräumgeräten schiebt er ihn an den Straßenrand hinaus, kaum daß er richtig anfing zu blasen, und in die Städte, da läßt er ihn erst gar nicht hinein. Eine riesige Dunst- und Wärmeglocke stemmt sich ihm entgegen, und was dann herunterrieselt, das ist eine Mischung aus Ruß und destilliertem Wasser – pfui Teifi!

Ein solches Winterzeugl, da weiß ich mich mit allen echten Buben, mit allen Schneeburgbauern, Schlittenrennern, Brettlrutschern und sonstigen rückständigen Romantikern einig, ist ein Ärger und ein Verdruß, und wenn im Vereinsregister noch Platz wäre, wäre es an der Zeit, einen Schutz- und Trutzbund ins Leben zu rufen: »Rettet den Winter e. V.«

In meiner Jugend war der Winter noch ein eigenmächtiges und oft saugrobes Mannsbild, das unbekümmert und unangefochten dahermarschierte und uns seinen eisigen Atem respektlos ins Gesicht blies. Manchmal tat er fast des Guten zuviel, zum Beispiel im Winter 1929/30. Dieser Winter nahm einem fast den Atem, so gewalttätig fiel er über unsere kleine Ortschaft her, im hintersten Winkel des Berchtesgadener Landes. Als wir in der Frühe aufwachten, war unser Haus eingeschneit, und in der Kuchl war eine Finsternis und Stille, als wäre die Welt untergegangen. Die Tür ließ sich nicht öffnen, und bei den Fenstern staubte der Schnee herein. Die Stromleitung war gerissen, die Straße gar nicht mehr vorhanden, die Belagerung komplett. Bloß der Rauch, der aus den Kaminen stieg, zeigte, daß unsere Ortschaft, die aus zwei Grenzerhäusern, einem Wirt und drei Bauern bestand, noch lebte; und nach einiger Zeit kratzten da und dort die ersten Schneeschaufeln, und dann wühlten sich die Bewohner wie Mäuse ans Tageslicht.

Herrschaftseiten, das war ein Winter! Gewaltige Staublawinen fuhren von den Bergen nieder, die Bäume krachten zusammen unter der Schneelast, und die Hirsche und Rehe kamen ins Tal herab und wurden so zahm wie die Schafe. Der Schlitten war das einzige Verkehrsmittel, und die Schule fiel aus – huraxdax!

Die Bewohner unserer abgelegenen Grenzersiedlung aber warteten auf das große Ereignis – den Schneepflug! Aber er kam und kam nicht. Wieder schneite es, wieder fiel der Strom aus, wieder kratzten die Schneeschaufeln, und wieder donnerten die Lawinen hernieder. Und dann kam eine fürchterliche Kälte, wie ich mich an eine ähnliche in meinem ganzen Leben nicht erinnere. Der Schnee ächzte und krachte und war ganz blau. Er war so federleicht, daß er von der Schneeschaufel herabfiel, und einen Schneeball zu formen, war gänzlich unmöglich. Ganze Arme voll Scheitelholz wanderten in den Ofen, trotzdem wurde es in den Häusern nicht mehr warm. Ziemlich kleinlaut hockten wir um den Ofen herum, und meine Mutter holte mit ernstem Gesicht das letzte Scherzl Brot aus der Speis. Die ersten Tage waren fast ein Spaß gewesen, jetzt aber wurde es Ernst. Und der Schneepflug war noch immer nicht gekommen . . .

Doch eines Tages klang ein ganz feines Läuten von Osten her in unser Tal herein. Die Belagerten rannten aus den Häusern und schauten gebannt das Straßl hinab, das sich, von Reichenhall kommend, heraufwand ins enge Tal. Und mein Vater sagte jene

Worte, die ich mein ganzes Leben nicht mehr vergessen habe: »Der Schneepflug kommt!«

Und dann kam er tatsächlich. Als Vorhut ein Zweiergespann mit dem Spurpflug, und hinter ihm eine ganze Armada dampfender Pferdeleiber – der Hauptpflug! Mindestens acht, aber ich glaube, noch mehr schwere Rösser waren dem Pflug vorgespannt. Die schwarzen, glänzenden Kummets wippten im Takt der Schritte, zwei Fuhrknechte hockten auf den Sattelpferden, und zwei gingen mit den Zügeln in der Hand daneben her. Aus den Nüstern der Pferde wolkte der Dampf, und die zahlreichen Schellen und Glöckerl an Zaumzeug und Kummet erzeugten einen so wunderschönen rhythmischen Ton, daß man davon die Gänsehaut bekam. Dazwischen ertönten die Anfeuerungsrufe der Fuhrknechte, das Klirren der Zugketten und das Ächzen und Rumpeln des schweren Pfluges.

Viel zu früh war das unvergeßliche Schauspiel vorüber. Aber die Straße war frei, das Tor zur Welt wieder offen.

Auch heute noch haut es in jenem Gebirgstal einen hübschen Batzen Schnee her. Aber noch in der Nacht brausen die Schneeräumfahrzeuge los, und wenn man des Morgens vor das Haus tritt, ist die Straße frei, und die Autos brausen vorüber, als wäre nichts geschehen. Und tatsächlich ist auch nichts geschehen als halt ein bißl Schneefall, ein bißl

Unmut der Natur, der schnell und schmerzlos beseitigt wird. Armer, armseliger Winter!

Jetzt kraxelt er halt den Berg hinauf und grantelt dort oben noch ein wengl umeinand. Aber zum sagen hat er auch da nichts mehr. Die Pistenwalze fährt ihm übers Maul, kaum daß er zu fauchen anfängt.

Bloß ganz hinten in den abgelegenen Steinalmen, da draaht er noch auf und haut über Nacht gar übermütig einen dreiviertelten Meter Neuschnee aufs Kaserdach. Und da hinten wird er auch noch geschätzt und verehrt und gefürchtet. Da hausen nämlich manchmal übers Wochenende ein paar echte Bergfexen, die sich vor der unentwegten G'schaftlerei und dem riesigen Selbstbetrug unten in den Tälern in die Einfachheit und Ergriffenheit des Bergwinters gerettet haben – wenigstens für ein paar Stunden.

Mögen Skilift und Pistenwalze gnädig an ihnen vorübergehn!

A Zwirnsfadl vom Hennerwadl

Er war einer der letzten seiner Zunft, Johann Sebastian Hühnerwadl, genannt Hanswastl oder Hennerwadlwastl – der alte Hausierer. Sein Umsatz war
rückläufig, obwohl allenthalben der Wohlstand
stieg. Der Grund hierfür war, daß sein Warensorti-
ment, das vom überlangen Bauernhosenträger bis
zum extra breiten Strapsbandl reichte, den heutigen
Käuferwünschen nicht mehr entsprach. Außerdem
war das Hausierergewerbe im Zeitalter der Versand-
häuser und Supermärkte mehr und mehr in den
Geruch der Bettelei gekommen. Übrigens, was den
Geruch betrifft, der war beim Hennerwadlwastl
meistens schlecht, nämlich eine Mischung aus einfa-
cher Knoblauchwurst und billigem Obstler. Wäre
nicht die Bauernkundschaft gewesen, die, was den
Geruch betrifft, nicht so empfindlich ist, er hätte
seinen Bauchladen längst an den Nagel hängen müssen.
Ein paar abseits gelegene Gütler und Häuselleut
aber hielten ihm unverbrüchlich die Treue und öff-
neten ihm ihre Türen, wenn er einmal oder zweimal
im Jahr mit dem Griff seines Regenschirms ans
Kuchelfenster klopfte und hierbei mit rauchiger
Stimme seine unorthodoxen Werbesprücherl auf-
sagte:
»A Zwirnsfadl vom Hennerwadl . . . oder a Hosen-

trager für den Herrn Ökonomierat sei Sonntags-
hosen oder zum Aufhänga, wenn eahm 's Leben
nimmer g'freut . . . oder a rosarots Strapserl für die
Madame Bäuerin, wird gratis anprobiert vom
Herrn Hennerwadl persönlich . . .«
Während der alte Hausierer solches zum besten gab
und hierbei seinen Bauchladen auf- und nieder-
schutzte, daß die Hosenknöpfe wild herumspran-
gen, holte die Bäuerin das obligatorische Schnap-
serl, und da diese Prozedur sich bei den anderen
Kundschaften durchwegs wiederholte, hatte der
Hanswastl am Ende seiner Geschäftsreise meist
einen Saurausch beisammen, der ihn über die mageren Einnahmen einigermaßen hinwegtröstete.
Den Weiler Himmelsoed, Post Mözlberg, Land-
kreis Selchheim streifte er meistens gegen Schluß
seiner Tour, und es war kein Wunder, daß der Hanswastl zu dieser Zeit nicht mehr ganz im Besitz seiner geistigen Kräfte und des normalen Gleich-
gewichtsgefühls war. Er wankte hin und her
wie eine Birke im Föhnsturm und murmelte mit
schwerer Zunge: »A Zwirnsfadlfasl vom Henner-
fadlwadl . . . a Hosentragelfasl fürn Tragelfasl-
wadl . . .«
Aber selbst in diesem unrühmlichen Zustande
machte er bei den Himmelsoeder Bauern noch ein
paar kleine G'schäftl – nicht aber bei der Frau Doro-
thea Hebsack. Dieselbe war die Witwe des Herrn
Prokuristen Hansheinrich Hebsack aus Augsburg,

der sich einstmals während der Sommerfrische nach Himmelsoed verirrt, des originellen Namens wegen ein Grundstück erworben, später mit einem Landhaus bebaut und nach seinem vorzeitigen Ableben der Gemahlin hinterlassen hatte.

Der versoffene, dickfellige Hennerwadlwastl war genau das Gegenteil der vornehmen, leutscheuen Frau Hebsack, und so spannte er nicht, welchen Widerwillen die feinfühlige Person bei seinem ordinären Anblick empfand. Und ungeachtet der Abfuhr, die er sich noch jedesmal am Gartentürl der Hebsackschen Villa holte, drückte er immer wieder seinen schmierigen Daumen mit der größten Frechheit und Ausdauer auf den blanken messingenen Klingelknopf, duckte sich hinter der Gartensäule nieder und wartete gespannt auf die kommenden Ereignisse.

Die Frau Hebsack war abweisend im ganzen, aber neugierig im einzelnen und spechtete, hinter dem Store des Wohnzimmerfensters verborgen, mit einem kleinen Theaterglas nach dem Besuch aus. Der Hennerwadlwastl, dieser abgefeimte Lump aber ließ nur die Spitze des Regenschirms und den verbeulten Hutrand hervorschauen, wodurch sich die etwas kurzsichtige Dame jedesmal täuschen ließ und, den Herrn Pfarrer Ringelstößer vermutend, eilig zum Gartentürl trippelte.

Wie groß war ihr Entsetzen, als ihr dann der fuselstinkende Hennerwadlwastl fast in die Arme fiel.

»Zurück!« rief sie mit kreischender Stimme, »zurück!« und gab dem ohnehin um sein Gleichgewicht kämpfenden Hanswastl einen kräftigen Stoß vor die Brust, daß er fast zu Boden stürzte.

Dem Hanswastl aber machte das gar nichts aus, er hatte seinen Spaß an dem aufgeschreckten Weiberleut, und nicht minder g'spaßten sich die Bauern, die die ortsfremde, hochnäsige »Madame« nicht leiden konnten.

Einmal, es war in der letzten Adventwoche, hatte der Hennerwadlwastl besonders mächtig aufgeladen. Trotzdem mochte er auf die liebgewordene Tratzerei mit der »Madame« Hebsack nicht verzichten und lehnte sich mit seinem ganzen Gewicht an die Messingklingel. Und wieder siegte die Neugier bei der einsamen, zurückgezogenen Frau, und sie trippelte erwartungsvoll auf das Gartentor zu.

Inzwischen war der Hanswastl im Stehen eingeschlafen, und als das Tor geöffnet wurde, fiel er der Madam Hebsack schwer in die Arme. Diese aber unterließ es aus begreiflichen Gründen, ihn zu stützen, so daß er hart und dröhnend auf den gefrorenen Boden aufschlug.

»O Gott, o Gott!« rief die bestürzte alte Dame und blickte hilfesuchend umher.

Da kamen auch schon die Nachbarn herbeigeeilt und trugen den bleischweren, stocksteifen Hanswastl, ohne auf »Madames« Protest zu hören, in das Hebsacksche Haus hinein.

Sie betteten ihn auf den breiten Diwan im Herrenzimmer, und der Mooslechner Hias sagte mit ernster Stimme: »Den hat's sauber derwischt, da muaß sofort a Doktor her, sunst verreckt er ins no.« Und fassungslos mußte es die völlig überrumpelte »Madame« erleben, wie der Hias mit seinem riesigen Zeigefinger den Telefonapparat bearbeitete und den Dr. Bernschneider von Rößlwang herbeirief. In zehn Minuten war derselbe zur Stelle, beroch den leblos daliegenden Hanswastl, schaute mit zwinkerndem Auge in die scheinheiligen Bauerngesichter und brummte mit ernster Miene: »Transportfähig is der Mann net. Der braucht absolut Ruhe. Gnä' Frau, es tut mir leid, aber Sie müssen sich damit abfinden. Vielleicht haben S' a warme Wolldecke. Morgen früh schau i wieder nach. Gut Nacht miteinand!«

Mit dem Doktor eilten auch die Bauern davon, und die Frau Hebsack war mit dem stockblauen Hennerwadlwastl allein. Dieser schnarchte und stank. Angewidert wandte sich die sensible Person ab und begab sich zu Bett. Doch fand sie, war es verwunderlich, die ganze Nacht keinen Schlaf. Als sie des Morgens, neugierig wie sie nun einmal war, durch das Schlüsselloch spechtete, hockte der Hennerwadlwastl in aufrechter Haltung auf dem Diwan und blätterte in einem Buch. Er war ein Profi, alkoholmäßig gesehen, und verdaute seine Räusche meist anstandslos.

Gegen fünf Uhr früh war er aufgewacht, hatte die Notdurft verrichtet und die Umgebung besichtigt. In der Kuchl hatte er eine halbvolle Kaffeekanne vorgefunden. Er soff sie aus, würgte drei trockene Semmeln hinab und war wieder beim Zeug, wie man so sagt.

Die Frau Hebsack aber berührte es angenehm, daß der alte, versoffene Hausierer in einem Buch blätterte. Niemand hier in Himmelsoed blätterte je in einem Buch. Auch nicht im Nachbarort Schnaupping. Darum war sie ja so einsam geworden.

»Guten Morgen«, sagte sie zum Hennerwadlwastl. Der war durch den freundlichen Ton angenehm überrascht und antwortete mit einer tiefen Verbeugung: »Wünsch das gleiche, gnä' Frau. Aber wia kumm i daher? Hat mi a Engel hertragn?«

Dieses feine Kompliment rührte die Frau Hebsack noch mehr als des Hanswastl literarischer Wissensdurst, sie eilte schnurstracks in die Küche und ging daran, ein kulinarisches Frühstück für den offenbar völlig ausgehungerten armen Teufel herzurichten.

Mit allem Anstand und aller Zurückhaltung, deren der verkommene Patron fähig war, nahm er alsdann drei weiche Eier, ein Viertelpfund Emmentaler, fünf große Scheiben gekochten Schinken und vier große Tassen Kaffee zu sich und sagte mit treuherzigem Augenaufschlag zur Madame Hebsack, als dieselbe den Tisch abräumte: »Lohn's Eahna da Himmel, guate Frau, aber a Bröserl Tabak wenn S' im Haus hätten . . .?«

Die Frau Hebsack verzog zwar etwas den Mund, aber dann brachte sie dem Hanswastl auf einem Servierteller eine jener teuren Brasilzigarren, die der Herr Pfarrer Ringelstößer bei seinen (leider seltenen) Besuchen zu rauchen pflegte.

Der Hennerwadlwastl räkelte sich auf dem Sofa, paffte dicke Wolken in die Luft und kam sich fast vor wie im Himmel. Aber, wie gesagt, bloß fast, denn zur letzten Seligkeit fehlte eine Halbe Weißbier und hintennach, zum »Desinfizieren«, ein Kornschnapserl.

Weil solches im Hause Hebsack offenbar nirgends vorhanden war und auch in ferner Zukunft nicht in Aussicht stand, wurde der Hennerwadlwastl nach drei Tagen unruhig. Und am vierten Tage seines Himmelsoeder Gastspiels, es war ausgerechnet der Heilige Abend, packte ihn die Sehnsucht übermächtig, und wie der Wolf, der dem Ruf der Wildnis folgt, schlich er sich aus dem Hause und eilte fort zu seinen Spezln und Saufbrüdern, mit deren drei er beim Moosstefflwirt zu Moosen einen zünftigen Christkindlschafkopf verabredet hatte.

Die Frau Hebsack sah das offene Gartentürl und die Spur, die durch den Schnee ging, hinüber zur Landstraße . . .

Sie hatte begonnen, den Hennerwadlwastl echt lei-

35

den zu mögen. Er war ihr eifrig an die Hand gegangen, ganz entgegen seiner Weltanschauung, wie sie merkte, aber gerade das hatte sie für ihn eingenommen. Er hatte Schnee geräumt, die Öfen versorgt und zuletzt sogar einen Christbaum aus dem Wald geholt, wie sie einen schöneren noch nie besessen hatte.

Die Frau Hebsack hatte allen Ernstes überlegt, den alten Hausierer wenigstens über den Winter dazubehalten, ihm ein Zimmerl einzuräumen im Erdgeschoß, ihm ein kleines Hausmeistergehalt auszuzahlen . . .

Jetzt ging sie ein wenig traurig hinauf in das große (viel zu große) Wohnzimmer, um den Christbaum zu schmücken. Als sie eintrat, stutzte sie. Sie rückte an ihrer Brille, trat ein paar Schritte näher und sah, daß sich an dem Baum bereits jemand zu schaffen gemacht hatte.

An den unteren, weit ausladenden Zweigen hingen rote Schleifen, die sie bei näherer Betrachtung als mehrfach verknüpfte Einweckgummis erkannte. Weiter oben schaukelten drei Packl Schuhbandl, und, überall im ganzen Baum verstreut, bemerkte sie schwarzglänzende Hosenknöpfe, die mit Nähmaschinenzwirn an den Zweigen befestigt waren. Zwei Päckchen Druckknöpfe und ein Röllchen Heftpflaster lockerten das ganze auf das vorteilhafteste, und statt des Lamettas war ein meterlanges silbergraues Gummibandl kunstvoll durch die Äste geschwungen. Auf dem weißen Leinentuch, das als kleiner Gabentisch gedacht war, lagen zwei Packl Shampoo und dazwischen eine Dose hellbrauner Schuhcreme. Und daneben – sie erschauerte leicht – ein rosaroter Strumpfhalter, das Prunkstück aus des Hennerwadlwastls Bauchladen.

Die Frau Hebsack bekam feuchte Augen, und obwohl sie über die Feiertage Verwandtenbesuch erwartete, ließ sie den Christbaum, wie er war.

Seither hat die Frau Hebsack immer auf jemand gewartet. Und manchmal kamen die Verwandten zu ihrem Pflichtbesuch, und manchmal kamen die Nachbarskinder und holten sich einen Beutel Bonbons oder eine Tafel Schokolade. Und manchmal kam auch der Herr Pfarrer Ringelstößer und rauchte seine Brasilzigarre.

Aber der alte Hausierer kam nicht mehr. Im Frühjahr war er, selig von Schnaps und Rausch, auf der Landstraße von einem Auto überfahren worden.

Nachruf auf den Kneißl Max

Ich habe viele ungewöhnliche Menschen kennengelernt in meinem Leben, aber einer der ungewöhnlichsten war der Regierungsrat Maximilian Kneißl. Dabei hatte er zu seinem (wohl zu Unrecht) berühmten Namensvetter, dem Räuber Kneißl, keinerlei verwandtschaftliche noch ideelle Beziehungen; im Gegenteil, er war der friedlichste Mensch von der Welt.

Nach gut zwanzig Dienstjahren in einer kleinstädtischen Mittelbehörde war Kneißl immer noch Regierungsrat. Er hätte eigentlich Oberregierungsrat oder gar Regierungsdirektor sein müssen; warum er das nicht war, das lag an seiner – Ungewöhnlichkeit. Schon vom Äußerlichen her war er dazu ausersehen, die jüngeren Kollegen aufstiegsmäßig an sich vorbeiziehen zu lassen. Er ging grundsätzlich mit seiner alten, schäbigen Lederhose ins Amt. Ein blütenweißes Hemd, ein Krawattl gar, lehnte er ab. Er war stolz auf seine bayerische Heimat, war ein vorsichtig-kritischer König-Ludwig-Verehrer und der Meinung, was die bayerischen Könige für gut befunden hatten, nämlich die kurze Wichs und Wadlstrümpf, sei auch einem neubayrischen Staatsdiener durchaus angemessen.

Das war ein erster Minuspunkt auf der Beförderungsleiter! Außerdem hatte der Regierungsrat

Kneißl einen etwas übersteigerten Hang zur Natur. Sein Büro glich eher einer Gärtnerei denn einem strengen Amtszimmer. Gewächse aller Art schlangen sich um seinen Schreibtisch. Die Fenster waren mit Blumentöpfen vollgestopft; sogar auf dem Plafond rankte ein kapitaler Zimmerefeu entlang und umschlang und umgürtete die sterile Neonröhre, so daß das Licht zum Schreiben kaum mehr ausreichte.

Er schrieb auch nicht viel, der Regierungsrat Kneißl, er hakte mehr ab, nämlich die zahlreichen Eingaben und Bittgesuche; versah sie höchstens mit einem wohlwollenden Vermerk, ehe er sie an den Amtschef weiterleitete. Das war der zweite Minuspunkt in der Beförderungsleiter! Denn Beamte haben nicht »wohlwollend« zu sein, sie haben paragraphengetreu zu verbescheiden, möglichst sogar Abstriche zu machen – denn zu was wären sie denn sonst da!

Der eigentliche Grund aber, warum der Regierungsrat Maximilian Kneißl, obwohl im Besitz eines blendenden Staatsexamens, nicht aufsteigen konnte, war seine Eigenart, amtliche Beschlüsse auf ihren Sinngehalt zu prüfen. Entsprach der Amtsbeschluß nicht seiner eigenen Intention, schüttelte er seinen Kopf und sagte: »Den Schmarrn mach i net mit, da müaßts euch an andern suacha!« Und stank die Fernheit von jeder Vernunft und praktischen Erfahrung schließlich regelrecht zum Himmel, dann stand er nicht an, bei der Dienstbesprechung von einem Stuhl aufzuspringen und zu brüllen: »Ja, seids denn alle vom Blitz gstroaft? So was konn ma doch unseren Bürgern net zuamutn!«

Als weiterer Minuspunkt schließlich ist zu vermelden, daß der Regierungsrat Kneißl leidenschaftlich gerne schnupfte. Er war sogar bei einem Preisschnupfen einmal 2. Sieger geworden. Seine geliebte Schmaidose begleitete ihn auch ins Amtsbüro, und vor schwierigen Entscheidungen nahm er gern eine Pris, um sich den Denkvorgang zu erleichtern und zu der »Weisheit letztem Schluß« zu gelangen, wie er sich einbildete.

Natürlich ging des Kneißl Max Schnupferleidenschaft an den Aktenprodukten nicht spurlos vorüber, so sehr er sich auch mühte, seine Nieserer von den Amtspapieren fernzuhalten. Und so entdeckte der Amtschef zu seinem Entsetzen manchmal ein Bröselchen Schnupftabak auf dem amtlichen Vorgang, und sein Entsetzen steigerte sich noch, wenn es sich dabei um einen Bericht an die übergeordnete Behörde handelte.

Prompt wurde der Kneißl Max zum Chef-Rapport zitiert. »Und das da . . . das soll wohl dem Herrn Präsidenten die Entscheidung erleichtern«, bekam er dann zu hören, während der völlig humorlose Mensch mit der Pinzette ein Schmalzlerbrösl ergriff und anklagend in die Luft hielt.

Kneißl pflegte in solchen Fällen zu erwidern: »Is ja

40

bloß der Entwurf, Herr Direktor, die Reinschrift geht garantiert ohne Schmalzlerbrösl 'naus, es sei denn, die Sekretärin schnupft inzwischen selber, an entsprechenden Zinken hätt s' ja.«

Da an dem Aktenprodukt fachlich und juristisch nicht zu rütteln war, mußte der Chef den Schwanz einziehn, wie man so sagt, und der Regierungsrat Kneißl schritt unangefochten schneuzend und niesend durch die schmalen Gänge der Amtsbehörde, zog sein riesiges rotes Schmaitüchl aus dem Hosensack und polierte sich in aller Seelenruhe seinen überdimensionalen Gesichtserker.

Bis zum vierzigsten Lebensjahr war Kneißl noch Junggeselle. Da gelang es ihm, einen Schmetterling zu erhaschen, um den ihn jedermann, der etwas von Frauen verstand, beneidete. Ilona hieß sie, und niemand wußte, woher sie gekommen war. In dem kleinen Stadterl hatte sie eine Bar aufgemacht, mit Imbißstube – zum Schrecken der braven Bürger.

Das war etwas nach des Regierungsrat Kneißls Geschmack! »A Weps, a Hornissn, de einisticht in die dicken Ärsch, de se net bewegn, net nach links und rechts, bloß nach obn – de muaß i mir oschaugn!« Wie seinerzeit der Professor Unrat selig, von Heinrich Mann treffend erfunden, blieb der Regierungsrat Kneißl an der schönen Ilona hängen. Aber dieselbe war kein »leichtes Gwachs« wie die schöne Lola, sondern eine Frau, Anfang vierzig, mit besten Vorsätzen, auch einer Dauerverbindung mit Pensionsanwartschaft nicht abgeneigt – und naturverbunden.

Zum Schrecken seiner Dienstbehörde heiratete der Kneißl Max die Ilona. Das war ein weiterer und entscheidender Minuspunkt in seiner Beförderungsleiter! »Zumindest eine standesgemäße Frau hätte ich von Ihnen erwartet«, donnerte ihm der Amtschef entgegen, »und zu allen Ihren anderen Imponderabilien ehelichen S' jetzt – a abgetakelte Puffmutter!« Da hat der Regierungsrat Kneißl endlich seiner vermurksten Laufbahn selber ein Ende gesetzt, indem er seinem Chef den nächstgelegenen Aktenordner auf den Kopf drosch und brüllte: »Wißts ihr, was ihr mi allesamt könnts, ihr kloakarierten windigen Federfuchser? Am Orsch lecka!«

Vorzeitig, und wegen angeblich mangelnder gesundheitlicher Konsistenz, wurde Kneißl daraufhin pensioniert. Mit seiner Ilona hat er noch viele schöne Jahre erlebt. Nicht bloß bei seinem Pensionshobby, der Bestandsaufnahme der heimischen Schmetterlinge und des Studiums ihrer Fortpflanzungsriten, war sie ihm eine große Hilfe, auch beim eigenen Liebesleben hat sie ihn kräftig mobilisiert, denn er war da ziemlich im Rückstand.

Aber dann hat es den Kneißl Max leider, noch vor dem Siebziger, »übers Loaterl obighaut«, wie man in Bayern so treffend sagt. Ein Schlagerl hatte ihn getroffen; kurz und schmerzlos schied er dahin.

Den alten Amtschef hatte es inzwischen auch »derbröselt«. So entging er der unangenehmen Pflicht, am Grabe des verblichenen Staatsdieners eine Gedenkrede zu halten und, wie in solchen Fällen üblich, die »ungewöhnliche Pflichterfüllung« desselben zu rühmen.

Auch der neue Amtschef war, zu seiner Erleichterung, dieser Pflicht enthoben, denn der Kneißl Max hatte sich letztwillig ausbedungen: »Koane Redn, koane Tränen, a Schauferl Erdn aufs Grab – was fort is, is fort!«

Wie der Sarg in der Erde versenkt war, geschah indessen eine weitere Ungewöhnlichkeit in dem an Ungewöhnlichkeiten so reichen Leben des Kneißl Max. Ein Trauermantel, und zwar ein ungewöhnlich prächtiges Exemplar dieses seltenen Tagschmetterlings, schwebte hernieder und setzte sich ausgerechnet auf den »Behördenkranz«, der der windigste war von allen, da er nach Haushaltsvorschrift nur 50 Mark kosten durfte für die Anfangsstufe im Höheren Dienst. Das war dem Trauermantel aber völlig wurscht. Er naschte an den mageren Nelken und ehrte den Schmetterlingsforscher mit seinem sensationellen Erscheinen.

Die Ilona, verheiratete Kneißl, aber hat noch lange Pension aus dem Staatssäckel kassiert und brav das Grab besucht und fleißig die Blumen gegossen. Schmetterlinge aller Art umschwebten das Grab, wenn auch nie mehr ein Trauermantel.

Der Grabstein vom alten Amtschef steht bereits schief. Die Inschrift ist verwittert, und die Blumen verdorren; denn gleich nach ihm hat auch seine Wittib das Zeitliche gesegnet, und die Kinder verstreuten sich in alle Welt.

So hat sich des Kneißl Maxens Ungewöhnlichkeit letztlich rentiert. Und wenn die getreue Ilona einmal tot ist, kommt bestimmt immer noch ein vereinzelter Schmetterling. Oder sonst ein Lebewesen, dem der »Regierungsrat in der Lederhosn« noch in angenehmer Erinnerung ist.

Der Freudmacher

Er betrieb in einem oberbayerischen Dorf eine kleine Kramerei, war Witwer und hieß Hilgenrainer Peter. Aber sein Schreib- und Taufname hat nie eine große Rolle gespielt, eher war er bekannt unter dem Namen »Der Freudmacher«. Der Hilgenrainer Peter hätte ein Denkmal verdient oder wenigstens, daß eine Straße oder ein Gaßl nach ihm benannt würde, und diese Ehrung wäre ihm vielleicht auch zuteil geworden, wenigstens nach seinem Tode, hätte er nicht eine kleine Grenzverletzung begangen. Ich sage bewußt: Grenzverletzung, weil mir das Wort Gesetzesverletzung zuwider ist bei diesem gewiß einmaligen Fall.

»Eine Freud machen«, das war dem Hilgenrainer Peter sein Steckenpferd und Lebensmotiv zugleich. Nicht eigentlich eine ganz große Freud, die ihn vielleicht verzehrt und ausgemergelt hätte. Er teilte sein Freudmachen geschickt in ganz kleine erträgliche Rationen ein. Es waren Rationen, die er selber leicht verkraftete und die den andern nicht erschlugen und zu Dankbarkeit zwangen.

Es waren eher Freudentröpferl, die er aussprenkelte wie der Pfarrer den Weihbrunn und die schnell verdunsteten wie warmer Regen.

»Da hast a Zeltl und fürs Schwesterl aa oans«, war sein Leib- und Magenspruch, wenn ein Bub in den

45

Laden zum Einkaufen kam. Ein Zeltl gab es woanders auch, aber »fürs Schwesterl aa oans«, ob man nun ein Schwesterl hatte oder nicht, das gab es bloß beim Hilgenrainer-Kramer, sonst nirgends. Und hatte nun der Bub tatsächlich ein Schwesterl oder gar deren zwei oder drei und noch einen oder etliche Brüder, wie es früher auf dem Land häufig der Fall war, und machte er den Kramer hierauf aufmerksam, dann griff derselbe kurzerhand in die große Guatl-Glocke und fragte mit listiger Miene: »Wievui?«

»Fünf«, zählte der Bub an den Fingern ab.

»Da hast sechse, falls grad no oans unterwegs ist«, lächelte hierauf der Freudmacher und ließ sechs Zeltl in die aufgehaltenen Bubenhände fallen. So war er, der Freudmacher, und nicht nur zu den Kindern. An Weihnachten verließ kein Kunde seinen Laden ohne ein kleines »Mitgeberts«.

»I hab dir was einig'schmuggelt, Rohrmoserin, a Radl Hosenzwirn, vielleicht kannst es brauchen«, sagte er etwa.

Als die Rohrmoserin zu Hause ihre Einkaufstasche ausleerte, kollerten aber zwei Radl Hosenzwirn heraus.

Und das zweite Radl, das war's, das war sein Freudmachen!

Lange Jahre ging's mit dem Freudmachen gut. Das kleine Geschäftl reichte sowohl fürs eigene Leben als auch fürs Freudmachen.

Da kam eines Tages ein Buchprüfer vom Finanzamt zum Kramer Hilgenrainer und steckte seine Nase in die Kassenzettel. Als er genug geschnuffelt hatte, sagte er zum Peter:

»Etwas stimmt net, guter Mann, entweder geben S' für die Ware zuviel aus oder nehmen z'wenig ein. Wenn S' so weitertun, kommen S' auf d' Gant!«

Hierauf ließ der Peter den Kopf hängen.

»Auf d' Gant wenn i kumm, is's aus mit'm Freudmachen«, dachte er und kratzte sich bekümmert den Kopf.

»Reduziern muaß i's halt, des Freudmachen, reduziern . . .«

Aber es brach ihm fast das Herz, als er jetzt kleinlaut sagen mußte: »Da hast a Guatl, und 's Schwesterl soll selber kumma, gell?« – und schnell ein einziges, armseliges Zeltl in die enttäuschten Bubenhände gleiten ließ. Das war nicht mehr das alte Freudmachen, das war a ganz a g'wöhnlicher Rabatt! Aber trotz dem »Reduziern« ging's mit dem Hilgenrainer-Kramer bergab wie mit allen kleinen Kramereien auf dem Lande, und als der Buchprüfer vom Finanzamt wieder erschien, eher als wohlmeinender Berater denn als gestrenger Revisor, sagte er: »Jetzt is's soweit, wenn S' jetzt net anziehn mit'm Preis, is 's G'schäft aufs Jahr beim Teufel!«

»Beim Teufel, sagen S'?«, rief der Peter erschrocken.

»Ich kenn mi aus, ich mach Ihnen nix weis«, sagte der Buchprüfer. »Zeichnen S' Ihre Ware neu aus und stelln S' das Dreingeberts ein, vielleicht schwimmen S' dann noch a Zeitl mit!«

Was blieb dem Hilgenrainer Peter anders übrig, als langsam mit dem Preis hinaufzugehn und das Freudmachen ganz zu unterlassen.

Aber Leben war das keines, ohne Freudmachen!

Da waar glei besser, man waar g'storbn!

Aber ehe es den Hilgenrainer Peter tatsächlich vor lauter Seelenkummer aufs Krankenbett warf, kam ihm ein Zufall zur Hilfe, und er faßte wieder Hoffnung.

Lag's daran, daß er eine neue Brille brauchte oder ganz wirr war im Kopf aus Angst vor der Zukunft, er verrechnete sich jetzt häufig. Aber aus alter Gewohnheit addierte er die Kassenzettel am Abend noch einmal nach und kam sich auch prompt auf die Schlich.

»Du alter Bazi«, sagte er strafend zu sich selbst, »willst es auf die Art wieder reinbringen, was d' vorher zum Fenster 'nausg'schmissn hast!«

Aber dann, als er Zettel für Zettel vornahm, wurde ihm kalt im Gesicht – er hatte sich ohne Ausnahme zu seinen Gunsten verrechnet!

»Jetzt hat mi der Teufi am Krawattl!« flüsterte er, »aber wart, so leicht kriagst mit net rum!« Und er überlegte, wie er das Unrecht auf dem schnellsten Wege wieder gutmachen könnte.

»Zuagebn derf i's net, daß i falsch z'ammzählt hab«, murmelte er, »sonst laffan ma d' Leut davo, oder es zoagt mi oana o. I sag ganz einfach, Moserin, sag i, des Schürzl, des wost neulich bei mir kauft hast, des hab i dir versehentlich schon zum neuen Preis berechnet, laffan oam ja regelrecht davo, de Preise; woaßt was, i gib d'as no zum alten Preis, um fuchzehn Mark achzg, also kriagst zwoa Mark retour!«

Und damit wär er mit der Moserin wieder quitt.

Gesagt, getan, und der Moserin hat's das Gesicht verzogen vor lauter Freud, wie ihr der Hilgenrainer Kramer die zwei Mark über den Ladentisch schob.

»Derer hab i a Freud g'macht«, dachte der Peter, als die Moserin draußen war, und ähnliches trug sich mit der Lettlin zu, als er ihr verkündete: »Für d' Unterwäsch hab i an nachträglichen Rabatt kriagt, den geb i an meine Kunden weiter, wia sich's g'hört« und hierauf der erstaunten Frau drei Mark fünfzig ins Einkaufstaschl steckte, den gleichen Betrag, um den er sie vorige Woche bei der Unterwäsch übers Ohr gehauen hatte. Als die Lettlin mit einem tiefen Bückling und dreifachem Vergelt's Gott gegangen war, verschränkte der Peter zufrieden die Hände vor dem Bauch und sagte: »Jetzt hab i scho wieder a Freud g'macht!«

Und dann zwinkerte er listig mit den Augen und sagte zu sich selbst: »Da muaß ma z'erst a Bazi wern, damit ma a Freud macha ko, seltsam . . .«

49

Eine Weile ging's gut, dieses seltsame Freudmachen, dann ging den Kunden ein Licht auf, und es erschien ein Herr zur Buchrevision, und das war nicht der Finanzer mit seinen wohlmeinenden Ratschlägen, sondern ein Kriminaler. Und die Woch darauf hing an der Ladentür eine Tafel mit der Aufschrift: »Wegen Inventur geschlossen!«

In Wirklichkeit saß der Hilgenrainer Peter im Kittchen.

Ein dreiviertel tes Jahr wurde ihm aufgebrummt wegen fortgesetzten Betrugs. Aber als ein halbes Jahr vergangen war, da sollte er entlassen werden, wegen »außergewöhnlich guter Führung«.

Aber was ein Freudmacher ist, der bleibt ein Freudmacher! »Wissen S' was«, sagte er zum Herrn Gefängnisdirektor, als der ihm die Papiere aushändigen wollte –, »i bleib no a wengl da!«

Erstaunt, ja fast erschrocken erhob der Herr Direktor den Kopf: »Das ist mir noch nicht vorgekommen! Darf ich fragen, warum?«

»Weil i Eahna a Freud macha möcht«, sagte der Peter treuherzig und verschränkte die Hände vor seinem Bauch, der inzwischen recht mager und faltig geworden war.

»I glaub, daß der Mann bei uns am falschen Platz ist«, sagte der Herr Direktor zum Aufseher Obermaier, als der Hilgenrainer Peter wieder in seine Zelle zurückgekehrt war.

Dieser war früher Pfleger in einer Heilanstalt gewesen und hatte viele Menschen gesehn, die sozusagen im Halbschatten lebten auf dieser Welt. Er wiegte seinen ergrauten Schädel und sagte:

»I woaß wirklich net, wo der hinpaßt, Herr Direktor, 's beste waar, er fliagat, so schnell er kannt, in' Himmel auffi!«

Das mußte auch der Freudmacher eingesehen haben. Drei Wochen später war er tot.

»'s Freudmachen is a vertrackte G'schicht«, mag er sich gedacht haben, ehe er die Augen für immer schloß, »de oan kanntn's und tean's net – de andern möchtn's und könnan's net!«

Springpferdl

Die Namen dieser Geschichte sind erfunden, nicht aber die Geschichte selbst. In Oberbayern, zwischen Isar und Inn, hat sie sich zugetragen, vor vierzig Jahren, als die Pferde noch eine Rolle spielten.

Lange war der Eieraufkäufer Ferdinand Spring der Auffassung, daß als Kutschpferd für ein Karrnerwagl nur ein ruhiger, älterer Kaltblüter in Frage käme. Er hat es auch so gehalten und ist immer mit einem breitkruppigen, gelassenen Noriker durch die Lande gezogen und hat dabei nie ein Malheur gehabt. Eines Tages aber reiste er ins Tirol hinab zu einem Verwandtenbesuch und entdeckte auf einer großen Weide eine seltsame Pferderasse, die er vorher noch nie gesehen hatte. Das heißt, es waren eigentlich gar keine Pferde, eher Pferdl. Einen hübsch breiten Hintern hatten sie allesamt und eine tiefe Brust, recht zum Baumziehn oder um im steilen Gelände vor ein Heuwagl gespannt zu werden. Aber statt der schweren Köpfe, wie sie die Noriker haben, hatten sie ein schmales, schwungvolles Haupt mit großen dunklen Augen und weiten Nüstern. Unter der Haut war deutlich das Geäder sichtbar, und die goldene Mähne wallte in weichem Schwung zu beiden Seiten des Halses herab. Die Beine waren trocken und die Hufe hart und schmal; ein jeder, der von Rössern etwas verstand, sah

52

sofort, daß sich bei dieser Rasse Kraft und Temperament aufs schönste vereinigten.

»Was san des für Roß?« wollte der Ferdl wissen.

»Haflinger«, wurde ihm geantwortet.

Diese kleinen, kraftstrotzenden und doch wieselschnellen Pferdl gingen dem alten Roßnarren nicht mehr aus dem Sinn, und als sein alter Wallach Franzl die steinigen Feldstraßln nimmer derschnaufte und vom Roßmetzger abgeholt wurde, hob er seine Ersparnisse ab und reiste ins Tirol.

Lang blieb er unten, weil er für die vielen Markln, die er hinblattln mußte, schon einen ganz kreuznoblen Fuchsen mit nach Hause nehmen wollte. Schließlich entschied er sich für eine zierliche dreijährige Stute mit einem wunderlieben G'schau. Mirzl war ihr Name.

Ein sündteueres Geld verlangten die Tiroler für das Mirzl. Aber des Geld bring i scho wieder rei, dachte der Ferdl, de lafft ja dreimal so schnell wia meine schwaaren Heiter, da bring i an ganz an anderen Umsatz z'samm!

Und so schlug er ein und ließ sich das Mirzl, das bisher noch nicht im Geschirr gegangen war, mit einem Transportwagen über die Grenze bringen.

Jetzt stand das Mirzl in seinem kleinen Stall und ließ das zierliche Köpferl hängen, weil es Zeitlang hatte nach der Bergweide und seinen Gespielen. »Des kriagn ma scho«, sagte der Ferdl und verwöhnte das Mirzl mit allerlei Schmankerln.

Aber eines Tags wurde es ernst, und das Tiroler Mirzl wurde vor das Karrnerwagl geführt, das es fortan durch die Lande ziehen sollte. Es wollte wieder umkehren und in den Stall hinein, aber der Ferdl war hart und sagte: »Zum Nixtoa bist du z'teuer. Und außerdem kriagt ma vom Faulsein und Habernfressen an Kreuzverschlag. Nacha bist hin, eh di noch a Hengst og'schmeckt hat!«

Wenn das blondmähnige, zierliche Mirzl auch keine übermäßige Sympathie für den Gespanndienst zeigte, so gelang es dem alterfahrenen Pferdemann doch verhältnismäßig schnell, es mit Kummet und Deichsel vertraut zu machen.

Dann trat der Eieraufkäufer Ferdinand Spring, seines lustigen Gemüts scherzhaft Springpferdl genannt, seine Jungfernfahrt mit dem neuen Rößl an.

Wie er bei seinem Hauptlieferanten, dem Pollnhofer von Pollnhof, eintrifft, ist das Mirzl schweißüberdeckt und er auch. »A wengl a Unband is halt noch«, erklärt er dem Pollnhofer, »wenn a Has aufspringt, moant's, es muaß eahm nachlaffa, und a Kraah wenn wegfliagt, tuat's an Hupferer auf d' Seiten; scheints hat's in Tirol drunt, wo's herkimmt, koane sellern Viecher net gebn. Aber des g'wohnt's scho no!«

Monate sind vergangen, aber es ist nicht besser geworden mit dem Mirzl, es hat sich vielmehr herausgestellt, daß das Stutl mit dem gar wunderlieben

G'schau zwar ein charakterlich anständiges, aber entsetzlich fuchtiges und schreckhaftes Frauenzimmer war. Und mit solchene, da machst was mit!

Da hat der Spring Ferdinand überlegt, das Mirzl einem Hengst zuzuführen, vielleicht, daß dann seine Schreckhaftigkeit verginge und es ruhiger und ausgeglichener würde.

Der Ferdl ist also mit dem Mirzl extra ins Tirol hinein, zu einem hochprämierten Hengst. Der Hengst »Orkus« hat das scheue Mirzl grob in den Hals gebissen und dann fast erdrückt mit einem fürchterlichen Sprung. Drei Wochen später wurde das Dekken wiederholt, aber das Mirzl war, scheints, gelt und hat nicht aufgenommen.

Durch die Männerbekanntschaft ist es eher ein noch größeres Angstl geworden und ist beim erstbesten Papierfetzen, den der Wind im Straßengraben hochwirbelte, in Panik geraten und durchgegangen, wobei sich der Ferdl die Schulter ausrenkte, das Karrnerwagl völlig zu Bruch ging und die Eier über das ganze Feld verstreut lagen. Das Mirzl aber kehrte, nachdem es mit der abgerissenen Deichsel drei große Runden in der Art eines Renntrabers hingelegt hatte, wieder zurück, leckte zuerst die Eier auf, und dann dem stöhnenden Ferdl übers Gesicht, weil es im Grunde nämlich ein seelengutes Haus war, halt bloß furchtbar aufg'regt.

Spätestens nach diesem Unfall wurde es offenkundig, daß der Spring Ferdinand hoffnungslos in sein

Mirzl verliebt war, sonst hätte er es endlich zum Teufel jagen und sich ein brauchbares Roß zulegen müssen. Der Ferdl aber nahm lieber Verdruß und Geschäftsrückgang in Kauf, eh er daran dachte, sich von seinem Mirzl zu trennen. Es war halt einfach wunderlieb, das Rößl, und konnte einem bis ins Herz hineinschauen mit seinen großen, dunklen Augen.

Weil der Ferdl dem Mirzl gern den runden Hintern tatschelte und weil das Mirzl, wenn er vor ihm stand, ihn oftmals regelrecht im Gesicht abbusselte und weil er sich nicht von ihm trennte, obwohl es ihm Streich um Streich spielte und weil er Junggeselle war, hartnäckiger, eingefleischter Junggeselle, ohne Gusto, scheints, auf ein Weiberleut, kam allmählich ein ungutes Gered auf.

Das Gered ging um wie die Fuchsräude und erfaßte Gehöft um Gehöft im einsamen Bauernland, wo nichts geschieht wie das Normale, das Hochzeitmachen, Kuhkalben, Sterben.

Und jetzt sahen hundert Augen auf den Karrner und lauerten auf einen Tatschler und ein Bußl zwischen dem Mirzl und ihm, und ihre Phantasie umkreiste sein Häusl und sah durch das Stallfenster und sah Verbotenes.

Plötzlich war die Anzeige da. Niemand hatte sie gemacht. Alle hatten sie gemacht. Der Karrner kam in Untersuchungshaft wegen Verdachts der Sodomie.

Wie der Staatsanwalt ermittelte, duckten sich alle nieder, sahen auf die Seite und hielten sich die Ohrwaschl zu. Aber es sagte auch keiner: »Laß den Karrner in Ruah! Er ist unschuldig – i bürg dafür!« Es war eine Wollust, so Ungeheuerliches geschehen zu wissen, da konnte man leicht einen einschichtigen, alten Eierdandler opfern.

Nicht das Gericht erledigte den Karrner Ferdinand Spring, sondern das Gerücht. Der Spitzname »Springpferdl«, der einst ein lustiges Haus und eine problemlose Natur mit den eigenen Namenssilben auf das trefflichste bezeichnete, wurde sein Brandmal. Als er mangels Beweises frei wurde, war sein Geschäft beim Teufel. Ein anderer kutschierte mit dem Karrnerwagl in seinem Gäu herum.

Die leichten Fahnderl ertragen einen schweren Wettersturz nicht. Der Ferdl spannte sein Mirzl ein und fuhr mit seltsam stumpfen, abwesenden Augen auf den großen Niederndorfer Steinbruch zu. Als er sich in der richtigen Position wußte, schlug er dem Mirzl mit einem gewaltigen Peitschenhieb über die Kruppe und schrie: »Hü, Mirzl! Hin soll ma sei! Hü, Mirzl! Hin soll ma sei!« Und das aufgeschreckte Tier raste mit hysterischem Gewieher über den Abgrund hinaus . . .

Der Ferdl wurde vom Kutschbock geschleudert und brach sich das Genick, das Mirzl aber lag fast einen halben Tag mit zerschmetterten Vorderbeinen unten zwischen den Geröllbrocken, bis der Unfall entdeckt wurde und ein Gendarmeriebeamter ihm den Gnadenschuß gab.

So haben sie den lustigen »Springpferdl« in den Tod getrieben und auch noch seinen Nachlaß kassiert: den Bauchkitzl und den Tratsch.

Die Leiche und die Leich

Eine Leiche ist ein toter Mensch, und die Leich ist das Begräbnis desselben. Während die Leiche, wie gesagt, tot ist, ist die Leich etwas sehr Lebendiges, und es menschelt hierbei manchmal stärker als bei einer Hochzeit oder Kindstauf. Dies kommt davon, daß der Tod und das Leben sich bei keiner Gelegenheit so unmittelbar gegenüberstehn und hierbei zum Vorschein kommt, daß der Tod den kürzeren zieht, weil er bloß einen dabehalten kann, während alle übrigen ihre Hüte aufsetzen und dem Leichenschmaus beim »Goldenen Ochsen« entgegenstreben. Dem Tod stinkt er, tät ich sagen, und er zieht sich vergrämt in das leere Leichenhaus zurück, indessen die Hamberger Res, die Wirtin zum »Goldenen Ochsen«, zum selben Zeitpunkt einen Kranz Weißwürste ins heiße Wasser legt und der Wirt ein frisches Faßl ansticht.
Je älter ein Mensch geworden ist, desto gelöster geht es beim Leichenschmaus zu. Der Tod wird hinaufgeschossen und gehanselt, daß es eine wahre Freud ist; ein jeds Jahr, das ihm der Verstorbene noch abgeluchst hat, wird ihm unter d' Nasen gehalten: »Hat er scho gmoant g'habt, er kannt'n habn, aber was tuat er net, der Wastl, legt si auf de andere Seiten und hebt eahm an Orsch hi, und drei Jahr hat er si nimmer einatraut, da Herr Boandlkra-

mer, bis'n g'frorn hat, an Wastl, na hat er si auf'n
Rucken g'legt und is g'storm. Und wenn er'n
draußd lassn hätt, an woaßt scho was, lebert er heut
no ...«

Solche Leichenschmaussprüch sind natürlich nicht
für die Ohren der nahen Verwandten bestimmt,
und so sitzt auch die Wittib des im 84. Lebensjahre
verblichenen Moosrainer Wastl wortkarg und
bleich am unteren Tischende, flankiert von der
Schwester und zwei Brüdern des Mannes und
einem Sohn aus dessen erster Ehe. Und verbittert ist
die Moosrainerin noch überdies, weil beim Begräbnis gleich zwei peinliche Malheure passiert sind.
Eines dem Herrn Pfarrer Pichlmayr, weil er den
Notizzettel verwechselt hatte und eine Weile die
Tugenden und Vorzüge des ehrengeachteten Jüng-
lings Alois Loidl pries, der bei einem Motorradun-
fall ums Leben gekommen war, ehe sich der Mes-
ner-Hausl an ihn herandrängte und ihm den richtigen Zettel in die Hand spielte. Und dann war im
entscheidenden Augenblick die große Kanone nicht
losgegangen, die den ehemaligen Veteranen des
Weltkriegs den Eingang durch die Himmelspforte
freischießt, und man hörte in der Stille ganz deutlich die Flüche des »Kanoniers vom Alten Fritz«,
wie der Stadtarbeiter und Feuerwerker Hilger Edi
bezeichnet wurde: »Himmisakrament ... himmi-
kreuzsakrament ... magst jetzt, du Matz, oder
magst net ...?«

Als die vorsintflutliche Haubitze dann endlich zündete, mit einem fürchterlichen, weit über die ballistischen Berechnungen hinausgehenden Donnerschlag, da zuckte alles zusammen, und hinter ihr, der Moosrainerin, sagte die Hierlkoferin, der keine Leich auskommt, so laut, daß es jedermann hören konnte: »Wenn de alten Krieger net bald aussterm, geht ma no de letzte Fensterscheibn drauf!«

So was wenn hinzukommt zum übrigen Leid, dann möchte man die ganze Brut mit ihren scheinheiligen Beileidsgesichtern am liebsten zum Teufel wünschen!

Und was bloß die Weiber haben, da drüben am Tisch? Die Zeilhoferin, dem Stiefsohn die seine, neigt sich zum Basel, zur Edgschwenderin. Diese wiederum hebt ihren langen Rüssel zur weitschichtigen Gaismayerin hinüber, welche die Neuigkeit an die noch weitschichtigere Heimerlin von Rauhöd weitergibt. Diese morst die Nachricht zur Zweckstetterin und die Zweckstetterin zur Höbelin.

Jetzt stehen zwei Frauen nacheinander auf und verlassen unauffällig die Tafel. Jede mit einem großen Karton unter dem Arm kommen sie zurück. Da erheben sich vier Weiber zugleich und stürmen ganz ungeniert davon. Und jede kehrt, einen großen Karton unter dem Arm, wieder zurück und schiebt ihn mit zufriedener Miene unter den Tisch.

Da wird auch die Moosrainerin unruhig.

Sie wendet den Kopf hinüber und herüber wie eine

Ringelnatter und versucht die Gesprächsfetzen der Weiber aufzufangen. »Sonderpreis . . . Viermarkfuchzg, zur Einführung . . .«, hört sie, und es fällt ihr nicht schwer herauszufinden, daß es sich um ein neues Waschpulver handelt, das beim Kipflsberger-Kramer in begrenzter Menge zum Verkaufe steht. Die Moosrainerin ist ein sparsames Leut, und sparen muß sie jetzt erst recht, wo der Wastl tot ist und die magere Rente noch magerer wird.

Sie schneuzt sich und rückt unruhig auf ihrem Stuhl hin und her. Und plötzlich ist sie aufgestanden, flüstert dem Schwager zu: »I bin den Rauch nimmer gwohnt, i geh a bißl Luft schnappen« und rennt, so schnell sie ihre alten Füße tragen, zum Kramer Kipfelsberger hinüber. Und wie es der Zufall will, erwischt sie das letzte Packl Waschpulver zum Sonderpreis!

Und dann sitzt sie wieder am Tisch, und die Röte fließt in ihr bleiches Gesicht. Die Kebinger-Verwandtschaft hat derweil schon hübsch aufgeladen. Der Girgl, Hochzeitslader von Nebenberuf, stimmt mit vorsichtiger Stimme ein Gstanzl an:

»A Leich und a Houzat,
des is fast des gleich,
de oan, de san lusti,
de oan, de san bleich . . .«

»Bittschön, Girgl . . .«, mahnt dessen Eheweib, die Lies. Aber die Moosrainerin winkt ab: »Is scho guat, singts no weiter, halt net gar so laut« und stößt

mit der Fußspitze zufrieden an ihren Waschpulver-
karton.

So ist's. Das Leben geht weiter. Kleinweis, pfennig-
weis. Ist nie anders gewesen.

Ein Rezept vom Doktor Röhrmoser

Als der Nutz- und Schlachtviehhändler Sebastian Oberwimmer eines Tages versehentlich mit einem Haxen auf seine Viehwaage zu stehen kam, gab ihm seine Tochter, das Annamirl, schnell einen Renner und sagte: »Halt di staad, Vattern, i mecht sehng, wia schwaar du bist.«

»Und?« fragte der Wastl mit besorgtem Gesichtsausdruck.

»A solche Sau hast du seit zehn Jahr nimmer verkauft«, spannte ihn das Annamirl auf die Folter.

»San aa bloß no magere Heiter g'fragt«, murrte der Wastl.

»Jessasmariaundjosef!«, rief das Annamirl, als der Zeiger der Waage endlich stillstand. »Was moanst, wiavui?«

»Um de zwoa Zentner rum, taat i sagn«, antwortete der Wastl dasig.

»Tuast an halben Zentner dazua, dann stimmt's«, sagte das Annamirl unbarmherzig.

Der Nutz- und Schlachtviehhändler Sebastian Oberwimmer erbleichte und griff sich an die Kehle. »De Sau gibst an magern Trank, daß koa Fett osetzn, und selber frißt di z'Tod!« flüsterte er in edler Selbsterkenntnis. Doch kam diese reichlich spät, denn letzter Zeit hatten ihn schon allerlei Beklemmungen und Unpäßlichkeiten heimgesucht.

Aber Gott sei's gedankt hatte sich in der Gemeinde eine Reihe von überaus reputierlichen Ärzten niedergelassen, und der Wastl war nunmehr willens, ihnen seinen G'sund in aller Eindringlichkeit ans Herz zu legen. Man brauchte aber gar kein Doktor sein, um bei dem Wastl zur richtigen Diagnose zu kommen, denn sein Atem, eine Mischung zwischen hellem Edelbräu und österreichischen Virginias, verbunden mit seinem ungewöhnlichen Leibesumfang, sagte bereits alles; die letzten Zweifel beseitigte der Blutdruckmesser.

Aber die neumodischen Herren Doktoren waren entweder zu fein besaitet oder zu stark psychoanalytisch angehaucht, um dem Wastl die nackerte Wahrheit zu sagen, sie verschrieben ihm Trankerl und Pillen, die jedoch in der riesigen Wampen zwischen Debrezinern, Sauerkraut und Schweinshaxln wirkungslos untergingen. Und den Magen, der bisher bestens funktionierte, hat's ihm jetzt auch noch angepackt!

Sakrafix nochamal, dachte der Oberwimmer Wastl, wenn des so weitergeht, schiab i no ab, und statt mei'm Sparbüchl hinterlaß i dem Annamirl zwoa Schubladen voll leere Medizinflaschl.

Da erinnerte er sich an den alten Doktor Röhrmoser, der, von der modernen Medizin überrundet, im alten Schulhaus seine Praxis betrieb, die vorwiegend der Brachialheilung erkennbarer Leiden und Suchten, wie etwa des Rheumatismus, des Magenkatarrhs, der Hühneraugen und Krampfadern diente.

»Was feit denn dir?« sagte der alte Bauerndoktor, als der Oberwimmer Wastl sein Sprechzimmer betrat.

»Des möcht i ja von dir wissen!« sagte der Wastl und zog seine Joppe aus.

»Dei' Joppen kannst ruhig olass'n«, brummte der Dr. Röhrmoser und ging um den Wastl herum, der wie ein fleischgewordenes Bierfaßl im Raum stand. Der Doktor Röhrmoser nahm eine Prise von des Wastls Atem, dann hockte er sich an seinen Schreibtisch hin und schrieb ein Rezept aus.

»So, des haltst gewissenhaft ei', und in drei Wochen kimmst wieder, nacha meß i dein Blutdruck!« Und der Wastl war entlassen.

Daß der Doktor Röhrmoser ein wenig in Vergessenheit geraten war, war nicht ausschließlich die Schuld seiner jüngeren und geschmeidigeren Herrn Kollegen. Er war schon ein arger Grobian und Gradheraus, und Standesunterschiede kannte er grundsätzlich überhaupt nicht.

»Mach dei' Blusn auf!« oder »Tua dein Kittel in d' Höh!« befahl er der Bauerndirn ebenso wie der Frau Landwirtschaftsrat. Und darüber hinaus hatte sich der fast Siebzigjährige in der letzten Zeit einige recht derbe Scherze erlaubt.

Wie der Realitätenbesitzer Pöschinger das von Dr. Röhrmoser ausgeschriebene Rezept dem Herrn

Apotheker auf den Ladentisch legt, fängt der an zu grinsen.

»Was is«, sagte der Pöschinger, »kriag i mei Medizin oder net?!«

Da gibt ihm der Apotheker den Rezeptzettel zurück und sagt: »Leider net zuständig.«

Der Pöschinger setzt seine Brille auf und buchstabiert: »Fressen die Hälfte, Saufen ein Viertel und Dipfeln gar nix mehr!«

Sakradi, mit solchen Rezepten macht man sich freilich unbeliebt, sowohl bei den Patienten als auch bei der pharmazeutischen Industrie.

Dem Oberwimmer Wastl hat aber des Röhrmosers rigorose Anweisung: »Wastl, tua sofort die Brems nei, sonst bist hin!« geholfen.

»Schwitzt du?« fragte er den Wastl.

»Vui«, nickte der Wastl.

»Bei der Arbeit?« fragte der Doktor.

»Des net«, sagte der Wastl.

»Wann dann?« sagte der Doktor.

»Bei der Nacht«, sagte der Wastl.

»Schlimm, schlimm«, sagte der Doktor und wiegte sein graues Haupt. Dann stellte er erneut einen Rezeptzettel aus, und der Wastl las: »Holzmachen!«

»I hab koa Holz!« sagte er.

»Aber i«, entgegnete der Doktor Röhrmoser und deutete auf den Hof hinunter. »Dort unten steht a Klafter Buchenholz und daneben a Klafter Weichholz, des kliebst du mir und richtst es glei auf aa. Den Arbeitslohn rechnen wir mit den Arztkosten auf, und dein Blutdruck überwach i dir no gratis und franco!«

Der Wastl ging an die Arbeit, und sein Hosenbund weitete sich von Mal zu Mal und von Ster zu Ster. Als er mit der Holzarbeit fertig war, rief er in pumperlwohler Verfassung zum Doktor Röhrmoser hinauf: »Hast no a Klafter, Doktor?«

»Na, heuer net«, sagte dieser, »aber nächstes Jahr!«

»Nacha kumm i aufs Jahr wieder zur Behandlung!« rief der Oberwimmer Wastl und hieb sein Beil in den Hackstock hinein.

Dem Doktor Röhrmoser aber fiel ein Stein vom Herzen, weil es ihm trotz des Arbeitskräftemangels auch heuer wieder gelungen war, einen Holzmacher aufzutreiben. Er war nämlich ein erklärter Feind der Zentralheizung, und sein Tiroler Bauernofen fraß gut und gern seine zwei Klafter Scheitelholz pro Jahr.

Aber auch der Oberwimmer Wastl war mit dem Kompensationsgeschäft zufrieden, denn seither hat er gewußt, was ihm fehlt: der Schwitz!

Natürlich ist er kein Nurmi geworden, der Wastl, und auch die Zaunlattenfigur seines seligen Vaters hat er nicht erreicht, aber dem Boandlkramer ist er ausgekommen, dank dem ehrlichen Rezept, das ihm der Doktor Röhrmoser ausgestellt hatte, dieser alte Grobian.

Das Skirennerts

Ich bin nie ein Skirennfahrer gewesen, aber einmal bin ich doch wie ein richtiger Brettlstar gefeiert worden, obwohl ich bei dem besagten Rennen beziehungsweise Rennerts als letzter durchs Ziel fuhr beziehungsweise ging.

Drei Klassen starteten bei dem Abfahrtslauf vom Hohen Roßfeld, nämlich die zukünftigen, die augenblicklichen und die gewesenen Skisprinter, im Sportlerjargon die Junioren, die Aktiven und die Alten Herren genannt.

Ich war von den Junioren der juniorste, nämlich 8 Jahre alt. Ich glaubte noch fast ans Christkindl, obwohl die Skier, die es gebracht hatte, ihre Herkunft aus der Werkstatt des Schreinermeisters Wolfgang Höglstetter von Oberau nicht verleugnen konnten.

Diese elenden Schwartlinge waren es auch, die mir das Leben während des Rennens sauer machten. Statt, wie es recht und zünftig gewesen wäre, ausgetrocknetes Holz der Bergesche zu verwenden, hatte der sparsame Meister zur gemeinen Rotbuche gegriffen, und jedermann, der vom Holz etwas versteht, weiß, daß dieselbe sich voll Wasser saugt und hierdurch dreimal so schwer wird wie im trockenen Zustande.

Somit hingen die Skier bleischwer an meinen Haxen,

und wenn ich ein Zeitl fuhr, schob sich der Schnee unter die Laufflächen und bremste die Fahrt ruckartig ab. Ein Salto vorwärts war die Folge. Nachdem ich auf diese unschöne Art das Rennen mehr als ein dutzendmal unterbrechen mußte und sämtliche Junioren und sogar ein Teil der Aktiven an mir vorbeigeschossen waren, nahm ich kurzentschlossen die Erzeugnisse des heimischen Schreinerhandwerks auf die Schulter und marschierte zu Fuß dem Ziel entgegen, wo ich zusammen mit dem ersten Alten Herrn, dem Zollinspektor Schöberl, eintraf. Weil ich so ein kleiner, minderer Stumpen war, über und über mit Schnee bedeckt, kämpfend mit einer offensichtlich völlig unzulänglichen Ausrüstung, aber beflügelt von Sportsgeist, riefen einige Zuschauer: »Bravo, Sepperl! Bravo, Sepperl!« und klopften mir anerkennend auf die Schulter.

Ich aber, überzeugt, daß ich mit normalen Brettern mindestens 3. Jugendsieger hätte werden können, hielt grimmigen Blickes nach dem langhaxerten Skifabrikanten Högelstetter Wolferl Ausschau, um ihm einen Skistock in den Bauch zu rennen.

Da erfuhr ich zu meiner Überraschung, daß der Högelstetter selber für das Rennen gemeldet hatte, und zwar »außer Konkurrenz«, um einen neuen Skityp aus eigener Werkstatt durchzutesten. »D' Spitzen sollen dir nach hinten schaung, du Murkser«, flüsterte ich und ballte ingrimmig die kleinen Fäuste.

70

Man schrieb damals das Jahr 1931. Nur die Promi-
nenten fuhren schon den verleimten Hikoryski,
und um zu einer Kandaharbindung zu kommen,
mußte man ein Fisrennen gewonnen haben. Franz
Pfnür vom Skiclub Schellenberg, unser großes Vor-
bild, fuhr damals noch mit einer alten Cordhose,
die unten mit einem Schnürl zugebunden war, zu
den französischen Meisterschaften und gewann sie
auf Anhieb; sein älterer Bruder, der Wegmacher,
distanzierte unterdessen mit weitausholendem
Schlittschuhschritt die heimische Konkurrenz. Wir
Buben standen uns auf jedes Stück Holz hinauf, das
vorne aufgebogen war; die Bindung war ein einfa-
cher Lederriemen, dessen Abrutschen ein in den
Schuhabsatz geschlagener Hufnagel verhinderte.
Trotzdem fuhren wir wie die Teufel, in der Wachs-
kunst waren wir alle kleine Meister.
Der Högelstetter Wolfi aber hatte außer meinen völlig mißglückten Schneebremsern bisher nur Bau-
ernnachtkastl und Fensterrahmen fabriziert, er war
bereits 42 Jahre alt, ca. 1,90 m lang und stocksteif
wie ein Zaunpfahl, wie wollte er, der in seinem ganzen Leben noch nie einen Abfahrtslauf bestritten
hatte, vom Berg überhaupt herunterkommen?
Als nach dem Eintreffen des letzten Alten Herrn
bereits eine halbe Stunde verstrichen war, rechnete
niemand mehr mit dem Eintreffen des Högelstetter
Wolfi. Vielmehr war man der festen Überzeugung,
daß er sich jenen »ganz Alten Herren« zugesellt

hatte, die in weiser Selbsteinschätzung das Rennen auf halber Strecke unterbrochen hatten und beim Pechhäuslwirt eingekehrt waren.

Doch siehe da, plötzlich tauchte Högelstetter am Zielhang auf! Seine neuen Meisterski schienen nicht viel mehr zu taugen als meine Buchenschwartling', denn er rutschte daher wie ein Schneck, und ohne intensive Stockarbeit wäre er vermutlich irgendwo auf der Strecke angefroren.

Am Zielhang, der sehr steil und eisig war, beschleunigte sich jedoch seine Fahrt plötzlich in einem Maße, daß er voller Schrecken die Arme in die Luft warf, dadurch das Gleichgewicht verlor und einen fürchterlichen Sturz tat. Man hörte förmlich die Knochen krachen, so sehr beutelte es ihn durcheinander. Hierbei löste sich einer der Meisterskier von den Füßen und raste selbständig durchs Ziel, während der Sturzhelm, mit dem sich der Meister vorsichtshalber ausgerüstet hatte, gemütlich den Hang herabkugelte und in einem großen Badwandl liegen blieb. Er selbst erhob sich wie durch ein Wunder unverletzt aus einer Schneewolke und legte den Rest der Strecke, wenn auch ein wenig torkelnd, zu Fuß zurück.

Da er ein großes Unikum war und erwiesenermaßen zum ersten Mal bei einem Rennerts gestartet war, wurde er mit großem Beifallsgeschrei empfangen.

Als er im Ziel stand, den Schnee auf den Augenlidern und sogar noch in den Ohrwaschln, da fiel ihnen auch wieder der kleine Sepperl ein, der gleichfalls zu Fuß angekommen war, und sie schrien abwechselnd: »Bravo, Wolfi! Bravo, Sepperl!« Und dann mußte der riesige Wolfi den kleinen Sepperl auf die Schulter nehmen und herumtragen.

Mir war das gar nicht recht, daß ich ausgerechnet zusammen mit jenem Manne gefeiert wurde, der mir durch sein miserables Erzeugnis die Lust am Skilauf fast auf Lebzeiten vergällt hatte, und ich trieb dem Wolfi meine Fingernägel ins G'nack, daß er laut aufjaulte und wie ein wildgewordener Goaßbock herumhupfte.

Heute, nachdem ich längst ein halbdutzend Paar famose Skier zusammengefahren habe und der Wolfi als Rentner in dem kleinen Bergnest lebt, denke ich nicht mehr so sehr an jenen mißglückten Abfahrtslauf selbst als an das Verhalten der Zuschauer, die alle einfache Leute waren, Handwerker, Bauern, Bergleute vom Salzbergwerk, kleine Grenzbeamte. Sie haben den Siegern applaudiert, wie sich's gehört, aber die Verlierer gefeiert, als sei es eine selbstverständliche Menschenpflicht, dem Pechvogel die Bitterkeit der Niederlage abzuschwächen.

Heute, bei den Hochgeschwindigkeitsrennen am Rande der physischen Vernichtung, schleicht sich schon der Zweite unbeachtet auf die Seite, während der Sieger von einer aufdringlichen Masse als Halbgott in den Himmel gehoben wird.

Selbst wenn ich Beine hätte aus Eisen und der Schreinermeister Högelstetter auf seine alten Tage wirklich noch einen Wunderski erfunden hätte und ihn mir zur alleinigen Benutzung überließe – ich möchte kein Skirennen mehr mitmachen!

Als ich beim Saghäusl
Fuhrknecht war

Der Name Saghäusl ist eine typisch bayerische Ver-
kleinerung, eine Verniedlichung, ein Herunterspie-
len eines in Wirklichkeit wohlfundierten, fast autar-
ken Besitztums. Holzsäge, Lohnmüllerei und Bau-
ernhof gehörten dazu. Drei Brocken von Söhnen,
ein weizenblondes, wieselflinkes Töchterl und ein
Fels von einem Altbauern mit Sitz und Gewicht im
Gemeinderat. Und nicht zu vergessen, die Seele des
Ganzen, die Hofmutter mit ihrem braungebrann-
ten Sennerinnengesicht und den Zauberhänden, die
ein ungeheures Arbeitspensum fast mühelos, so
schien es, bewältigten. Und nicht zuletzt gehörten
zum Saghäuslhof zwei braune, gedrungene Rösser,
die die Produkte von Säge und Mühle zu den
Abnehmern beförderten und die Pflugschar durch
die kargen Bergäcker zogen. Und ich selber gehörte
auch dazu, als kleines i-Dipferl sozusagen, das die
Pferdeäpfel aufsammelte, frisches Sägmehl und
Stroh im Stall aufstreute und dafür als Honorar ein
sagenhaftes Butterbrot kassierte.
Dieses Butterbrot ist mir in der allerbesten Erinnerung. Es war ein gewaltiger Kanten Bauernbrot, auf
dem die Saghäuslmutter den Butter nicht strich,
sondern batzte. Mit dem Daumen batzte sie den
Butter hinauf und verteilte ihn schön gleichmäßig

bis zu den Rändern. Dann sagte sie zu mir, dem das Wasser im Munde zusammenlief: »Jetzt beiß eini, Sepperl, und morgen kimmst wieder, gell?«

Und ob ich kam. Das sündhafte, ausschweifende Butterbrot war ja bloß der Schlußpunkt unter einen Tag, der reich an Erlebnissen und Abenteuern gewesen war. Ein Abenteuer nämlich war schon das Einspannen der Pferde. Ausgeruht und übermütig kamen sie aus dem Stall, gut zwölf, fünzehn Zentner schwer, jedes ein Bündel Energie von der reichen Haferkost. Jetzt mußte diesen unruhigen, unbändigen Kraftprotzen die Fessel des Geschirrs angelegt werden. Heißa – da lernte ich die Fuhrknechtsprüch von der Pike auf: »Hebst net glei staad, du Heita, du miserabliger! Z'ruck, z'ruck, sag i! Steigt er mir net über d' Sträng umma, der Schinder, der miserablige?! Fuaß! Ja, hebst jetzt du net glei auf oder soll i di no umanandtragn aa, g'wamperter Hafersack, g'wamperter!«

Diese Sprüche hatte ich vom Saghäusl-Toni gelernt, dem ältesten Sohn, der als Spediteur fungierte, und damit war ich im Besitz des Geheimnisses aller Pferdeleute: Eine lautstarke Stimme, gepaart mit unerschrockenem Auftreten – und der widerborstigste Gaul wird zum frommen Lampl!

Endlich war es dann soweit, daß sich das Fuhrwerk in Gang setzte. Über die Bretterladung hatten wir eine Decke gelegt, worauf wir, der Toni links und ich rechts, Platz nahmen. Die Haxen baumelten in der Luft. Die Braunen zogen an, und die Fuhre setzte sich in Bewegung. Noch heute höre ich das knirschende Geräusch, wenn die eisenbereiften Räder über die Kiesstraße holperten, und den dunklen, naggelnden Ton der schmiedeeisernen Achse. Und mehr noch ist mir der Geruch in Erinnerung, der bittere Schweißgeruch der Rösser, in den sich das Fluidum von Tonis gesegneter Verdauung mischte, wobei angesäuerte Schmalznudeln meist eine dominierende Rolle spielten. Alles andere war im Grunde gar nicht so wichtig, das Abladen und Ausstellen des Lieferscheins, und ich habe es vergessen.

Schön war wieder die Heimfahrt mit dem leeren Wagen, der jetzt, ohne Belastung, gar wild und ungebärdig dahinsprang. Unentwegt trabten die Braunen, die Zugleine hüpfte auf ihren breiten Kruppen hin und her, der Atemdampf wolkte aus den Nüstern, eifrig schnaubten sie dem Stall entgegen.

Und ich dachte an mein Butterbrot.

Und manchmal an die weizenblonde Marie.

Siebzehn war sie und ich gerade zehn. Die ersten Freier umrundeten des Nachts bereits den Saghäuslhof und machten ihre Katermusik. Aber das wußte ich damals nicht und hofierte sie mit der Ausdauer und Selbstüberschätzung, deren nur ein tödlich Getroffener fähig ist. Beim Heueintreten hatte sie mich einmal mit dem Gesicht gestreift. Jetzt wußte ich, daß sie einst meine Frau werden würde. Welche Opfer hab ich ihr gebracht! Welche Erniedrigungen erduldet! Und fuhr sie mir einmal mit der Hand durch den rotblonden Schopf – so riß der Himmel auf!

Längst haben sich Wolken davorgeschoben. Düstere. Die weizenblonde Marie! Aschenfarbig ist wohl längst ihr Haar. Und mein rotblonder Schopf? Da geht's ziemlich kahl her, saprati noch einmal.

Aber wenn's auch nichts geworden ist, zwischen der Marie und mir, so hab ich beim Saghäuslhof doch manchen erfolgreichen Fischzug getan. Nämlich hinten in der tiefen Gumpen beim Mühlradl. Da standen, in tiefgrünen, tropfenden Gewässern, hübsche Prackl von Forellen. Es war eine fast unheimliche Welt dort hinten. Es war düster, und das Schaufelrad drehte sich ächzend. Grünes, glitscheriges Moos lag auf allem Gerät, und feiner Wasserstaub durchnäßte einen in Sekundenschnelle.

Die Saghäuselschen Butterbrote waren gut, aber besser waren noch die Saghäuselschen Forellen. Und so angelte ich mir manchmal eine heraus, ohne Gerte, bloß mit der Schnur, am Sonntag meist, wenn Ruhe war in Haus und Hof.

Mein Vater war Zöllner oder »Einnehmer«, wie man damals sagte. Jedenfalls eine Amtsperson. Er schaute gar finster drein, wie ich die Beute meines Fischzugs aus dem Hosensack zog.

»Wo hast denn de her?« fragte er streng.

»De ham sich am Mühlradl derstessen!« sagte ich treuherzig.

Darauf gedachte der Vater seines kleinen Gehalts und »vereinnahmte« die hochwillkommene Bereicherung des Küchenzettels ohne Gewissensbisse.

Alle sind sie dahingegangen, die Saghäuslmutter, der Toni und seine schweren Rösser. Das Mühlradl steht still. Ein dünnes Rinnsal versickert im steinigen Bachbett. Und mit ihm die Zeit und die Jugend und das Leben.

Bayerische Geschichten und Gedichte
in der Reihe Bayerland-Geschenkbücherl:

Oskar Weber
Habe die Ehre, Herr Nachbar
Heiteres in Vers und Prosa

Oskar Weber/Helmut Zöpfl
Auf meine Stern vertrau i gern
Heiteres über Astrologie und Aberglauben

Alfons Schweiggert
Vergelt's Gott!
Wie man in Bayern Dankschön sagt

Alfons Schweiggert
Lachen ist g'sund
Heitere Gedichte und humorvolle Geschichten
von vorn bis hint'n

Leopold Kammerer
Gartenzwerg und Liebeslaube
Heiteres rund um den Garten

Leopold Kammerer
Für alle, die uns mögen
Heiteres und Nachdenkliches über allerhand Viecherl

Lieselotte Weidner
Deine Katze, meine Katze
Verserl auf sanften Pfoten

Maria Jelen
Weihnachten ist überall
Gedichte und Geschichten für die »stille Zeit«

Elisabeth Rupprecht
Dunkle Nacht – heller Stern
Weihnachtsgeschichten und -gedichte von damals und heute